hänssler

GUIDO WOLFF

Dynamik
biblischer Jüngerschaft

Nachfolge wächst an Beziehungen

Guido Wolff, geboren 1966, bekehrte sich zu Jesus Christus mit 24 Jahren. Nach Abschluss seiner Promotion in Elektrotechnik absolvierte er ein Gemeindepraktikum in San Leandro, Kalifornien. Die Leitgedanken dieser Jüngerschaftsschulung, die ihm u. a. von O. J. Gibson, W. MacDonald und J. McCarthy vermittelt wurden, gaben die Sicht für seinen Dienst im Gemeindebau und den Anstoss zu diesem Buch. Guido Wolff lebt heute mit seiner Familie in der Nähe von Landau/ Pfalz.

hänssler-Taschenbuch
Bestell-Nr. 393.647
ISBN 3-7751-3647-9

© Copyright 2001 by Hänssler Verlag,
D-71087 Holzgerlingen
Internet: www.haenssler.de
E-Mail: info@haenssler.de
Titelfoto: Mauritius
Umschlaggestaltung: Martina Stadler
Satz: AbSatz, Klein Nordende
Druck und Bindung: Ebner Ulm
Printed in Germany

Inhalt

Vorwort

»Meine Gnade genügt dir ...« (2 Kor 12,9)

Das Vorwort zu meinem ersten Buch, einem wissenschaftlichen, schließt mit den Worten: »Für mich selbst wird diese Arbeit als ein Meilenstein meines Lebens eine stetige Erinnerung an die Zeit sein, in der ich lang gehegte Wertvorstellungen überdachte und, das sei in persönlicher Weise hinzugefügt, zuletzt Frieden fand, nicht in dem, was ich *leiste*, sondern in dem, was ich – in Jesus Christus – *bin*.«

Ich hatte mich geirrt. Diesen Frieden sollte ich erst zwei Jahre später finden, nach einem Gang durch Höhen und Tiefen. In meinem Wesen versteckt und in einer Schule der Jüngerschaft noch genährt, haftete mir mein Leistungsdenken wie ein schlechter Freund an, nur subtiler und gefährlicher: Er hatte sich geistlich getarnt.

In der Zeit, als ich dieses Buch in seinen Grundzügen begann, war er es, der mich zu meinem vielfältigen Dienst ermunterte, doch ließ Gott in Seiner Weisheit meine Welt in vielen Bereichen zusammenbrechen. Schon damals sah ich das Kapitel *4.1 Gnade* vor, doch erst in der Zeit danach wurde es für mich wahrhaft lebendig! Dieses Buch konnte ich erst vervollständigen, als ich den einzigartigen Frieden erfuhr, in Seiner Gnade leben zu dürfen.

Erst rückblickend erkenne ich, welche Gefahr ein Buch über Jüngerschaft als ein Mittel, andere zur Nachfolge Christi anzuleiten, in sich birgt. Wenn das Bewusstsein über den eigenen Zustand gegenüber dieser lebendigen Gnade Gottes schwach ist oder gar fehlt, könnte es ein Handbuch zur Aufzucht selbstlaufender, leistungsorientierter, elitär geprägter Kämpfer werden. Dabei müsste man ihnen nicht einmal eine bewusst schlechte Motivation unterstellen.

Leider scheint diese Ausrichtung sehr verbreitet. Wir glauben zwar, das Fleisch zu kennen und es von Geistlichem leicht trennen zu können, aber es bereitet uns doch Probleme, die Motive des eigenen geistlichen Strebens klar zu unterscheiden. Handelt es sich um Liebe zu unserem Heiland, um Wertbedürfnis oder um innerlich erlebten oder äußeren Druck?

Dennoch versucht dieses Buch einen biblischen Weg darzustellen, andere zu einer echten Nachfolge anzuleiten. Wenn es nämlich richtig verstanden wird – nicht als ein Ausbildungs-Handbuch, sondern als ein Gedankenanstoß zu dem allzu vernachlässigten biblischen Prinzip der Jüngerschaftsbeziehungen zwischen Gläubigen –, dann wird es sowohl reife Christen als auch solche, die es werden wollen, dazu motivieren, solche Beziehungen einzugehen. Dabei ist der »natürliche« und einzig mögliche Lebensraum, in dem derartige Beziehungen entstehen und gedeihen, die Gnade Gottes. Auf diesem Fundament kann Gottes geniale Strategie sowohl des persönlichen Wachstums von Gläubigen wie auch der Evangelisation der Welt verwirklicht werden.

Dieses Buch möchte ich den der Welt unbekannten Männern und Frauen widmen, die ihre Zeit und Mühe, ja oft ihr ganzes Leben, in den Auftrag unseres Herrn investiert haben: mittels persönlicher – und daher zahlenmäßig notwendig begrenzte – Jüngerschaftsbeziehungen, andere Christen zu echten Jüngern des Einen zu machen. Wie man einen Baum beschneidet, um seine Frucht zu fördern, haben sie ihren Dienst der Weitergabe an andere beschnitten. Mit Gottes Kraft und Willen werden sie noch in all ihren geistlichen Kindeskindern die Frucht und den Lohn ihrer Mühe sehen.

GUIDO B. WOLFF

Zahlen, die in Klammern hinter Zitaten stehen, verweisen darauf, dass das jeweilige Zitat aus einem der Titel entnommen ist, die im Literaturverzeichnis im Anhang aufgeführt sind.

Kapitel 1

Warum Jüngerschaft?

»Geht nun hin und macht alle Nationen zu Jüngern ... und lehrt sie, alles zu bewahren, was ich euch geboten habe.«
(Mt 28,19.20)

Wie konnte aus diesem Boden nur eine solche Frucht hervorkommen? Ich stand in einem der Weinberge eines kleinen toskanischen Ortes und blickte verwundert auf die sonnengedörrte, helle Erde, die von tiefen Rissen zerfurcht war. Der ganze Landstrich schien vertrocknet, wie in einem Ofen gebacken. Wenn nichts, aber auch gar nichts auf diesem Boden gewachsen wäre – ich hätte mich nicht gewundert. Doch in dichten Reihen standen die grünen Rebstöcke, voll behangen mit tiefdunklen süßen Trauben. Sie geben Jahr für Jahr einen der weltbesten Weine, den Brunello di Montalcino.

Was waren wohl seine Geheimnisse, angesichts solcher Widrigkeiten? Würde ich selber hier Weinstöcke pflanzen – vermutlich würde meine Unwissenheit über die Art und Weise zu kläglichen Ergebnissen führen. Ebenso in der komplizierten Verarbeitung der Trauben. Mir wurde in diesen Gedanken an eine Nachahmung nur zu bewusst, dass in jedem Detail, das letztlich zu diesem Wein beitrug, ein verborgenes Geheimnis lag; angefangen beim Anlegen des Weinberges über den genauen Zeitpunkt der Lese bis hin zur Wahl des Fassholzes. Dabei ist das Prozedere keinesfalls fest vorgeschrieben. Es passt sich den jährlichen Gegebenheiten an, den Sonnentagen, dem Regen, dem Lesezeitpunkt . . .

All diese Geheimnisse des Brunellos waren sicherlich nicht in Büchern zu ergründen oder in einem Seminar zu lernen. Einen einfachen Wein zu machen, das ginge wohl schon; aber nicht, einen Brunello zu kreieren. Diese Geheimnisse wurden vielmehr von Mensch zu Mensch weitergegeben, über Generationen. Man lebte hier mit auf den Gütern und lernte, wie es die Alten taten, gesegnet und anfangend bei der unsichtbaren Kraft eines verdorrten Bodens.

Dieses Bild stellt sich mir heute vor Augen, wenn ich an Gemeinden denke. Es gibt solche, auf deren Böden kaum etwas zu wachsen scheint, und vereinzelt solche, die viel Frucht bringen. Dabei ist nicht die Erscheinung des »Bodens« das Entscheidende. Ähnlich wie im Weinbau sind es vornehmlich drei Dinge: das Wirken Gottes als »unsichtbare Kraft«, die menschliche Arbeit und die Weitergabe der »Geheimnisse« an die Jüngeren. Fehlt Letzteres, wird das Fortgesetzte unbefriedigend sein oder gar zum Erliegen kommen. Im Gegensatz zum Weinanbau sind die Geheimnisse des Lebens aus Gott zwar in einem Buch – im Buch der Bücher – vollständig aufgezeichnet, aber diese anderen persönlich zu vermitteln, ist klarer Auftrag des Herrn an Seine Nachfolger.

Jesus Christus hat nun jeden Gläubigen in Seine Dienste gerufen, wie Arbeiter in einen Weinberg. Der letzte Auftrag an Seine Jünger entsprechend Matthäus 28,19.20 gilt ohne Unterschied für uns. Dabei ist das Bild des Weinbergs nicht von ungefähr: Der Herr Jesus möchte dem Vater viel Frucht bringen!

Stellen wir uns nun die Frage, wie wir dieser großen Verantwortung nachkommen, so fallen uns leicht zwei wesentliche Ausrichtungen in den Gemeinden auf. Um es einmal gewagt zu pauschalisieren: Wir sehen einerseits einen Nachdruck auf Evangelisation, privat und im Großen, und andererseits die biblische Lehre in den Gemeindestunden, zumeist in Form von Predigten.

Beides ist wichtig und hoffentlich in jeder Gemeinde ausreichend vorhanden. Dennoch ist es zweifelhaft, ob eine Betonung allein dieser beiden Seiten ausreicht. Ein derartiger Dualismus beruht wohl auf zwei irrigen Vorstellungen: dass unsere Verantwortung gegenüber einer Person nach ihrer Bekehrung aufhört oder dass uns ihre Integration in die Ortsgemeinde von unserer Verantwortung ihr gegenüber befreit. Um diesen Gedanken zu veranschaulichen: Kaum jemand würde wohl sein kleines Kind entweder sich selbst oder aber einfach der Gesellschaft überlassen.

Daher beauftragt uns der Herr auch, Menschen zu *Jüngern* zu machen und sie zu lehren, alles zu bewahren, was Er geboten hat. Er beauftragt *uns* – und macht uns so in persönlicher und vertrauensvoller Weise zu Seinen Mitarbeitern! Die »Älteren« stehen geradezu in der Pflicht, ihre »Geheimnisse« den »Jüngeren« weiterzugeben.

Deshalb können wir uns nicht mit der Ausflucht aus der Affäre ziehen, dass Gott den Jungbekehrten schon die rechte Nahrung in den Gemeindestunden zukommen lässt und wir uns beruhigt zurücklehnen und auf die gebotenen Belehrungen in Predigten, Gemeinde-Bibelstunden oder Hauskreisen verweisen können. Prüfen wir einmal nach: Welchen wirklich *lebensverändernden* Einfluss hatten die Predigten des letzten halben Jahres auf uns? Dabei geht es nicht um die bloße Aufnahme von biblischem Wissen, sondern um persönliches geistliches Wachstum. Was hat sich aufgrund der Verkündigung in der Gemeinde konkret in unserem Denken und Verhalten geändert? Leider versickern die in den Verkündigungen gewonnenen Überzeugungen und Vorsätze oftmals allzu schnell, wie Wasser auf dürrem Land. Eine Umfrage unter jungen Christen, die in der Zeitschrift »Die Wegweisung« veröffentlicht wurde, ergab, dass persönliche Vorbilder durchweg einen prägenderen Einfluss auf das geistliche Leben haben als Predigten. Die Antwortmöglichkeit der prägendsten Einflüsse »geistliche Partnerschaft« wurde in dieser Umfrage hingegen wohl nur deshalb so wenig genannt, weil sie so wenig praktiziert wird.[1]

LeRoy Eims stellte dazu einmal die Frage: »Was sieht ein Prediger, wenn er sonntags auf die Versammlung schaut? Viele Dinge. Er sieht vielleicht Ungläubige, einige suchend, einige skeptisch. Manche wurden durch Freunde eingeladen. Er sieht zudem Leute, die niedergeschlagen sind. Auf ihnen lasten Sorgen, Druck, Enttäuschungen und Leid. Er sieht Jungbekehrte, die voller Eifer stecken und in der Neuheit des Lebens in Christus blühen. Er sieht ›alte‹ Gläubige, die sowieso schon alles zuvor gehört haben und auf eine noch so mitreißende Botschaft in kühler Unbeweglichkeit verharren. Er sieht die Jungverheirateten. Er sieht Paare, deren Eheleben in

---

[1] Die Wegweisung, 4/99, S. 22-23. Gesamtwertung: Vorbilder 4,86; Freizeiten 4,81; Predigten 4,29; Bücher 4,0; Eltern 3,72; geistliche Partnerschaften 3,25; Jugendleiter 3,15.

einer tiefen Krise steckt. Er sieht Familien mit finanziellen Problemen. Er sieht die Erfolgreichen im Beruf und jene, die ihre Arbeit verloren haben ... Und so geht es weiter. Wenn sein Blick so über die Gemeinde gleitet, kommt dem Prediger der Gedanke: ›Wie nur kann ich ihnen allen mit einer Verkündigung dienen?‹ Die Versammlung hat wahrscheinlich ebenso viele Bedürfnisse wie Anwesende.« [3]

Natürlich hat die Belehrung durch die Verkündigung einen unbestreitbar wichtigen Platz in der Auferbauung der Gemeinde; das wollen wir keinesfalls leugnen. Doch diese allein wirkt nicht auf Dauer lebensverändernd – allein mit diesem Angebot kann der Auftrag, echte Jünger heranzuziehen, nicht erfüllt werden. Oder eher schlecht als recht. Doch im Gegensatz zu diesen langsamen und weniger tiefen Resultaten gibt es einen weitaus besseren Weg.

Der Weg des Herrn Jesus

Welche Bedeutung haben eigentlich Jünger für den Herrn? Oder fragen wir uns doch zunächst, welchen Plan wohl der Meister hatte, um Sein Reich aufzubauen und das Evangelium bis an »das Ende der Erde« zu verbreiten, in die ganze Welt! Wie würden wir das beginnen?

Was würden wir tun, wenn wir in nur drei Jahren die Evangelisation der Welt vorbereiten sollten? Vermutlich schätzen wir uns bei diesen Gedanken zunächst glücklich, in einem Zeitalter zu leben, in dem globale Entfernungen zu Stunden-Reisen geschrumpft sind. Medien können unser Wort und Bild in alle Erdteile und in Milliarden Haushalte übertragen. Der beschränkte Wirkungsbereich unseres Herrn zur damaligen Zeit mutet angesichts dieser Mittel als regelrechtes Manko an. Was hätte Er mit diesen Ressourcen erreichen können?

Was aber hätte Er wirklich anders gemacht, wenn ihm diese Welt andere Mittel geboten hätte? Ich behaupte: nichts. Der Herr hatte sich damals nicht darauf konzentriert, Massen zu erreichen, auch wenn Er ihnen Seine Botschaft nicht vorenthalten hat. Der Meister hatte einen anderen Plan. Er investierte in wenige Menschen – 12 Jünger –, nicht in Massen und nicht in Mittel. Er wählte eine kleine Gruppe Männer, um sie auf ganz persönliche Weise zu reifen Jüngern zu machen, denen er die unfassbare Verantwortung übertragen könnte, Seine Botschaft in die ganze Welt zu bringen. Und genau von dieser Strategie müssen wir lernen.

Nur in Abhängigkeit

Echte Jünger können wir natürlich nicht selber »machen«, wie es entsprechend der gebräuchlichen Übersetzung von Mt 28,19 vielleicht erscheint: »machet zu Jüngern«. Im griechischen Urtext steht hier nur ein Wort: matheteuo, was im Deutschen eigentlich eine neue Wortschöpfung erfordert: »jüngert«. Dieses Vorhaben liegt nicht in unserer Macht. Es ist keineswegs ein Dienst, den wir aus uns heraus mit einem ausgedachten Programm bewerkstelligen könnten, sondern der in besonderer Weise der Gnade Gottes bedarf. Wir können ihn nur in direkter Abhängigkeit von Ihm in guter Weise ausführen, indem wir uns dem Herrn als Seine Werkzeuge zur Verfügung stellen.

Es ist allerdings ein arbeitsreicher, mühsamer Weg, auf dem wir uns als Schüler wie als Lehrer – als »angehender Jünger« wie auch als der, der »Jünger macht« – bloßstellen können und werden. Außerdem ist dies ein Weg, auf dem wir anfänglich keine zahlenmäßig befriedigenden Ergebnisse sehen werden und – das wäre vielleicht das Schlimmste für uns – der kaum öffentlich sichtbar ist. Und doch ist es der Weg mit dem wohl größten Potenzial, dem Herrn effektiv zu dienen.

Was folgen wird

Dieser Gedankenansatz soll im Weiteren nach Aussage der Bibel entwickelt und eingehender beschrieben werden. Dabei steht die Methode der Jüngerschaft als Weg sowohl des inneren, persönlichen als auch äußeren, zahlenmäßigen Wachstums im Vordergrund. Wenn in diesem Buch von »Jüngerschaft« die Rede ist, so ist damit grundsätzlich diese Art der Schüler-Lehrer-Beziehung zwischen Christen gemeint. Jüngerschaft als Beziehung zum Herrn Jesus wird der leichteren Unterscheidung wegen in diesem Buch als Nachfolge bezeichnet. Auf sie gehen wir nur im Sinne von ihrer Zielbestimmung ein.

Dieses Buch wird den Fragen nachgehen,

- was biblische Jüngerschaft ist,
- warum dieses Prinzip für uns heute wie damals so bedeutsam ist,

- wie man eine solche Jüngerschaft durchführt,
- wer einbezogen werden sollte oder kann.

Es richtet sich als Hilfestellung vornehmlich an die Lehrer in diesen Jüngerschaftsbeziehungen. Sie sind es ja, die aufgrund dieser Beziehung die Verantwortung tragen, die Beziehung wesentlich gestalten und somit die führende Rolle innehaben. Darüber hinaus beinhaltet es auch Hinweise für die Schüler und kann daher mit ihnen gemeinsam durchgesprochen werden. Im gegenseitigen Austausch wird die eigene Beziehung deutlicher und die Sicht der Ziele und Fehler ausgewogener.

Kapitel 2

Das Wesen biblischer Jüngerschaft

»Du aber hast genau erkannt meine Lehre, mein Betragen, meinen Vorsatz, meinen Glauben, meine Langmut, meine Liebe, mein Ausharren ...«
(2 Tim 3,10; PAULUS AN TIMOTHEUS)

2.1 Der Versuch einer Definition

In einem christlichen Buchladen

»Haben Sie ein Buch über Jüngerschaften?«

Die Frage ruft ein väterliches Lächeln hervor: »Gewiss – ist schließlich kein unbedeutsames Thema für Christen.«

»Genau. Welche Bücher dazu haben Sie denn?«

»Wahre Jüngerschaft ...«

»Das habe ich nicht gemeint. Ich meinte persönliche Beziehungen ...«

»Ah, Biografien. Von Vorbildern lernen, was Jüngerschaft bedeutet.«

»Nein, auch das habe ich nicht gemeint, sondern Beziehungen zwischen Menschen.«

»Zwischenmenschliches? Zu welchem Thema denn? Also doch nicht Jüngerschaft.«

»Doch – ich will es einmal so ausdrücken: Ich suche etwas über Jüngerschaftsbeziehungen zwischen Menschen, in denen man Anleitung zum Wachstum erfährt.«

»Verstehe, das Prinzip der Zweierschaften, so wie die Jünger zu je zwei ausgesandt wurden.«

»Nein, Beziehungen, in denen einer der Lehrer und der andere der Jünger ist.«

»Mein Freund, man kann nur Jünger des Einen sein! Wir wollen doch nicht Menschen nacheifern, sondern Jesus Christus!«

»Aber das ist doch das Ziel.«

»Dann nennen Sie es Schüler-Lehrer-Beziehung oder so, aber was genau soll das denn sein?«

Die Wortbedeutung

»Jünger.« Welches Bild vermittelt uns dieses Wort? Es ist sicherlich nicht modern. Der gesellschaftliche Sprachgebrauch ist sogar eher abfällig, denn es wird nur allzu gern in Verbindung mit einem Sektenführer genannt. Damit drückt es natürlich eine persönliche devote Hingabe und noch dazu eine gewisse Blindheit aus. Vielleicht wird es daher auch unter Christen, zumindest im deutschen Sprachraum, eher gemieden. Ein anderer Grund ist sicherlich, dass mit der Verwendung dieses »Titels« kaum ein Gläubiger für sich selbst die echte Nachfolge des Herrn Jesus ausdrücken möchte, die damit eigentlich verbunden ist.

Dabei ist es kein ausschließlich biblisches Wort. Jünger waren zur Zeit des Neuen Testaments und bereits Jahrhunderte vorher auch bei den großen Denkern – beispielsweise der Philosophie – zu finden. Ebenso hatten Johannes der Täufer (Mt 9,14) und auch die Pharisäer (Mt 22,16) Jünger.

Das allgemein mit »Jünger« übersetzte griechische Wort *mathetes* bedeutet wörtlich »Lernender«, das ist jemand, der belehrt oder trainiert wird. In neutestamentlicher Zeit war ein Jünger aber nicht nur ein Schüler, der hinter einem Pult saß, sondern vielmehr ein Anhänger, der seinem Lehrer (griechisch *didaskalos*) nachzueifern suchte [11]. Das war oft mit Anstrengung, Disziplin und viel Arbeit verbunden. Das von *mathetes* abgeleitete Wort »Mathematik« verdeutlicht uns das; ganz ähnlich wie das lateinische Wort für »Jünger«, *discipulus*, und das englische *disciple*, die von Disziplin sprechen.

Mathetes kommt in den Evangelien und der Apostelgeschichte 269-mal vor. Allein diese Anzahl verdeutlicht sicherlich seine lehrmäßige wie auch zeitgemäße Bedeutung. Die damalige Ehre, von großen Männern lernen zu dürfen, scheint heute jedoch Zeitgeisterscheinungen wie der Individualität und der Unabhängigkeit zum Opfer gefallen zu sein. Charles Haddon Spurgeon, der »Fürst unter den Predigern«, sah seinerzeit noch eine wichtige Aufgabe darin, nicht allein selber dem Predigtdienst nachzukommen (der seine Zeit sicher mehr als ausgefüllt hätte), sondern nahm darüber hinaus die Mühe und Kosten auf sich, ständig eine Anzahl junger Männer in seiner Predigerschule auszubilden. Heute ist es leider gerade im geistlichen Bereich so, dass reife, Gott dienende Christen nicht mehr die Zeit investieren, Nachwuchs heranzubilden. Und auf der Seite der potenziellen Schüler besteht zumeist auch gar nicht der Wunsch, sich auf solch eine verbindliche Beziehung mit der dazugehörigen Unterordnung einzulassen. Der Sinn für Jüngerschaft fehlt einfach, was auch das folgende Beispiel verdeutlicht:

Einem jungen, eifrigen Christen lag das geistliche Wachstum der anderen jungen Männer in seiner Gemeinde am Herzen. So lud er einen von ihnen ein, sich regelmäßig zu zweit zu treffen, um einen Bibelkurs durchzugehen. Als Antwort sagte ihm der Kandidat: »Das wäre ja so, als wenn ich gegen McEnroe Tennis spielen würde – ein Ungleichgewicht, bei dem ich ›keine Chance‹ hätte.« Warum hat der Gedanke an einen gemeinsamen Bibelkurs ihn sofort an einen Wettkampf erinnert, bei dem einer der Verlierer und der andere der Gewinner ist? Wie viel Gewinn hätte er wohl daraus gezogen (abgesehen davon, dass dieser Vergleich weit übertrieben war), wenn er sich von einem geistlichen »McEnroe« hätte trainieren lassen?

Wir suchen uns Trainer, wenn es um Sport geht. Wir suchen Belehrung von Lehrern, Meistern, Dozenten und Professoren. Viele von uns investieren nicht weniger als 25 Jahre unseres Lebens – tagaus, tagein – in eine berufliche Ausbildung, denn Bildung und Qualifikation haben einen ungeheuren Stellenwert in unserer Gesellschaft. Aber in welchem Verhältnis steht hierzu unsere Ausbildung im geistlichen Sinne? Welche »Qualifikationen« haben wir für diese Aufgaben erlangt?

Und wie suchen wir Belehrung? Nicht lieber aus einer sicheren Distanz heraus, ohne persönlich von Lehrern abhängig zu sein, oder gar vorwiegend aus Büchern? Auch in unseren geistlichen Fortschritten wollen wir frei sein – und besser keine Jünger. Denn Nähe kann schmerzen, kann uns bloßstellen und verpflichten. Dabei ahnen wir nicht, welche Kraft in eben dieser Nähe liegt und was uns entgeht, wenn wir das Zusammenspiel mit einem »McEnroe« meiden.

In den weiteren Ausführungen dieses Buches wird zumeist das Wort »Lehrer« gewählt, um den Begleiter des Jüngers zu bezeichnen. Das soll nicht verstanden werden im Sinne des Lehrers als geistliche Begabung (wie in 1Kor 12) bzw. Gnadengabe an die Gemeinde (wie in Eph 4) und beschränkt sich nicht auf diese Personen, die von Gott in den Dienst der lehrmäßigen Verkündigung berufen sind. Es geht hier vielmehr um eine Person, die vielfältige Funktionen erfüllt: die eines Ausbilders wie auch Vorbildes, geistlichen Vaters usw. Was das im Einzelnen bedeutet, darauf werden wir noch weiter eingehen. In diesem Sinne eines *Lehrers* können auch geistlich reife Schwestern grundsätzlich eine solche Rolle wahrnehmen –, müssen es sogar, da eine tiefe persönliche Beziehung nur zwischen Gläubigen des gleichen Geschlechts aufgebaut werden sollte.

Jüngerschaft im Neuen Testament

Der Begriff »Jünger« wird im Sinne »Jünger des Herrn Jesus« auf verschiedene Weise gebraucht:
- in einem weiten Sinne für diejenigen Juden, die Jesus nachgefolgt waren und sich zumeist wieder von ihm abkehrten (Joh 6,66);
- in der Apostelgeschichte für diejenigen, die gläubig wurden und Ihn bekannten (Apg 6,1.2.7; 14,20.22.28; 15,10; 19,1);
- für solche, die in Seinem Wort bleiben (Joh 8,31), Liebe untereinander haben (Joh 13,35) und Frucht bringen (Joh 15,8) (siehe Abschnitt 2.2);
- im engeren Sinne für die Zwölf.

Um echte Jüngerschaft als zwischenmenschliche Beziehung richtig zu verstehen, werden wir im Folgenden besonders auf die biblischen Aussagen eingehen, die sich auf die letzte der vier oben genannten Begriffsbedeutungen beziehen. Im Blickpunkt stehen also jene Jünger, die mit ihrem Lehrer, dem Herrn Jesus, in *engster Beziehung* standen.

In Markus 3,14 lesen wir von ihrer Berufung: »... und er berief zwölf, damit sie bei ihm seien und damit er sie aussende.« Der Herr wählte *nur* zwölf aus, damit sie in Seiner Nähe, *bei Ihm*, sein sollten. Praktisch hieß das, dass sie sogar mit Ihm lebten, d.h. an Seinem Leben unmittelbar und zu fast allen Gelegenheiten teilhatten. Außerdem wird in diesem Vers auf einen noch weitergehenden Zweck hingewiesen: »damit er sie *aussende*«. Sie sollten Seine Gesandten werden, die Arbeiter, die Seine Botschaft weitertragen sollten – »damit er sie aussende, zu *predigen*«.

Eine weitere Seite der Beziehung nennt der Herr in Matthäus 10,24.25: »Ein Jünger ist nicht über dem Lehrer und ein Sklave nicht über seinem Herrn. Es ist dem Jünger genug, dass er sei wie sein Lehrer ...« Der Jünger genießt in seinen Lebensumständen keine Privilegien, die sein Lehrer nicht hat.

Das Ziel der Jüngerschaft wird in Lukas 6,40 ausgedrückt: »Ein Jünger ist nicht über dem Lehrer; jeder aber, der vollendet ist, wird sein wie sein Lehrer.« Das Wachstum des Jüngers erfolgt in Richtung auf den Lehrer. Nicht allein die Annahme der Lehre als solche ist bedeutsam, sondern dass der Jünger wie der Lehrer *sein* wird. Gemeint ist also eine *Charakterformung*.

Der letzte Gedanke muss noch etwas genauer definiert und abgegrenzt werden. Es geht nicht um eine Wesensangleichung zwischen Lehrer und Schüler. Dies würde unweigerlich auf bloße Imitation hinauslaufen. Aber Gott hat in beiden eine eigene und möglicherweise sehr unterschiedliche Persönlichkeit gelegt, so mitunter auch ganz verschiedene Gaben.

Es geht vielmehr um die Bildung der gleichen Gesinnung und Denkweise, welche in Form von Charaktermerkmalen nach außen deutlich wird. In diesem Sinn kann man sich die Prägung eines Siegels oder Stempels (griech. *charakter*, in Hebr 1,3 für »Abdruck«) vorstellen, die den bestehenden Charakter richtig formt, nämlich zu der Form, die Gottes Absicht entspricht. Auch das Wort für einen bildhaften Abdruck (*typos*) wird im Neuen Testament häufig im Sinne eines veranschaulichenden oder prägenden *Vorbildes* gebraucht. Ein höchst wichtiges Ziel für jeden Gläubigen ist, dass sein Denken nach biblischem, göttlichen Muster umgestaltet wird (Röm 12,2) und dass der Charakter des Sohnes Gottes so Gestalt an ihm nimmt (Röm 8,29; Gal 4,19).

Der Gedanke, einen Jünger uns selbst ähnlich zu machen, mag uns fehlerhaften Christen verwegen erscheinen, aber genau das ist es, was Paulus von sich selbst sagen konnte: »Seid wie ich!« (Gal 4,12).

Aus diesen Betrachtungen halten wir einige bedeutsame Schlussfolgerungen fest:

- Von einer einzelnen Person kann nicht eine große Menge zu Jüngern ausgebildet werden. Da dies eine *intensive persönliche Beziehung* erfordert, können jeweils nur wenige betreut werden.
- Ein Jünger steht nicht neben oder über dem Lehrer. Während der Jüngerschaftsbeziehung wächst er nicht

über ihn hinaus, vielleicht aber später. Der Lehrer ist zunächst das Limit.
• Das Hauptziel ist die Entwicklung des *Charakters*, eine Lebensveränderung, und nicht so sehr die Verbesserung von Methoden, Ansammlung von Wissen und dergleichen mehr.

Als einfache Definition von Jüngerschaft nach diesem Vorbild und anhand dieser Merkmale können wir somit sagen: *Ein Mensch nimmt Menschen zu sich, hat persönliche Gemeinschaft mit ihnen, lässt sie an seinem Leben teilhaben, lehrt und trainiert sie, damit sie werden, wie er ist.*

Einer blieb übrig

Welch ungeheure Bedeutung die erwähnte Nähe in einer Beziehung hat, wird deutlich, wenn wir uns in den Gemeinden umschauen und überlegen, wo die geistlich und charakterlich reifen und gefestigten Geschwister eigentlich diese Qualitäten erlangt haben. In der Regel stehen persönlich prägende Beziehungen dahinter.

Das ist zum Beispiel der Fall bei Rolf, einem ehemaligen Drogenabhängigen, der sich vor etlichen Jahren von Ashram zu Christus bekehrte und mittlerweile mannhaft gefestigter Christ, Vater einer kinderreichen Familie und selber Vorbild in der Gemeinde ist. Der einstige Leiter eines Sektentempels kam in einer kleinen Erweckung zum Glauben, zusammen mit einer ganzen Reihe anderer »Junkies« und »Hippies«. In seinem jungen Glaubensleben machten ihm aber allerlei Probleme zu schaffen, zumal er zuerst in Kreise geriet, wo ihm die Ähnlichkeit zwischen den alten und neuen übersinnlichen Erfahrungen in Nöte brachte. Einem gläubigen Studenten aus christlichem Elternhaus, der selber schon lange und mit großem Eifer dem Herrn Jesus nachfolgte, lag der Jungbekehrte sehr am Herzen. Da lediglich stundenweise Treffen nicht die kontinuierliche Betreuung bieten konnten, die hier eigentlich nötig war, fasste er sich ein Herz und ging auf Rolfs Wunsch ein, mit ihm zusammen eine Wohnung zu beziehen. So konnte beständige Gemeinschaft und Hilfe geboten werden. Diese Wohngemeinschaft bestand dann über zwei Jahre. Rolf bekam in dieser Zeit täglichen Anschauungsunterricht, wie ein Christ in der konsequenten Nachfolge lebt, wie er die Bibel studiert, wie er dem Herrn in verschiedenen Aufgaben dient, wie er mit Problemen umgeht usw. und wurde durch diese Gemeinschaft zu einer hingegebenen Nachfolge motiviert. Diese zwei Jahre waren für Rolf eine »Jüngerschaftsschule«, die ganz entscheidende Weichen für sein Leben stellte. Weil der reifere Bruder damals seine eigenen Interessen zurückstellte und Rolf seine Nähe und Gemeinschaft bot, ist Rolf nicht geistlich auf der Strecke geblieben oder gar zurückgefallen, was bei Bekehrten aus solch problematischem Hintergrund leider oft der Fall ist. Mit einem lachenden und einem weinenden Augen stellen wir heute fest, dass Rolf von den damals zum Glauben gekommenen Drogenabhängigen fast der Einzige ist, der auf einen beständigen und fruchtbaren Weg der Nachfolge geführt wurde.

2.2 Jüngerschaft im Johannes-Evangelium

Zum Wesen der Jüngerschaft

Was meint Jesus Christus mit echter Jüngerschaft? Im Johannes-Evangelium gebraucht der Herr dreimal den Ausdruck »meine Jünger«. Das weist bereits darauf hin, dass Er dabei besonders die persönliche *Nachfolge* im Blick hat.

Wie schon in der Einleitung dargestellt, geht es in diesem Buch nicht in erster Linie um die direkte *Nachfolge des Herrn*. Und doch ist genau das das *Ziel*, um das es beim Thema dieses Buches geht! Deshalb haben die hier zitierten Stellen aus dem Johannes-Evangelium eine grundlegende Bedeutung, um eine Jüngerschaftsbeziehung mit dem Ziel dieser Nachfolge zu erläutern.

(1) *»Wenn ihr in meinem Wort bleibt, so seid ihr wahrhaft meine Jünger« (Joh 8,31).*

Was genau ist dieses *In-Seinem-Wort-Bleiben* und warum ist es für die Nachfolge notwendig, ja scheinbar hinreichend? Die Bibel ist Gottes lebendiges Wort; sie stellt uns Christus selbst vor, sie gibt uns Belehrung für Theorie und Praxis und eröffnet uns die Gedanken und das Wesen Gottes. Sie ist eine Quelle täglicher Nahrung, mit der Gott uns *praktisch* Seinem Willen entsprechend führen möchte.

Johannes 15,7-10 schließt uns diesen Gedanken weiter auf: Zunächst gibt der Herr uns die Verheißung, dass uns *alles* geschehen wird, worum wir bitten, *wenn* wir in Ihm bleiben und Seine Worte in uns bleiben. Durch die daraus resultierende Frucht wird der Vater verherrlicht und wir werden Jünger des Herrn werden.

Der Herr liebt uns, so wie der Vater Ihn geliebt hat. Er ruft uns zu: »Bleibt in meiner Liebe.« Wieder stellt sich uns die Frage: Wie geht dieses »Darin-Bleiben«? Die Antwort des nächsten Verses ist: »Wenn ihr meine Gebote haltet, so werdet ihr in meiner Liebe bleiben.«

Dieses In-Seiner-Liebe-Bleiben ist also eng damit verbunden, *in Seinem Wort zu bleiben*, das uns Seinen Willen zeigt. Oder wie der Herr es selbst in Johannes 14,21 ausdrückt: »Wer meine Gebote hat und sie hält, der ist es, der mich liebt.« Daher ist das In-Seinem-Wort-Bleiben für die Nachfolge des Herrn tatsächlich hinreichend.

(2) *»Ein neues Gebot gebe ich euch, dass ihr einander liebt, damit, wie ich euch geliebt habe, auch ihr einander liebt. Daran werden alle erkennen, dass ihr meine Jünger seid ...«* (Joh 13,34.35).

Was ist das für eine Art von Liebe, dass Menschen daran unsere Nachfolge erkennen werden? Das Vorbild gibt uns der Meister selber. Im ersten Johannesbrief lesen wir: »Hieran haben wir die Liebe erkannt, dass Er für uns Sein Leben hingegeben hat; auch wir sind schuldig, für die Brüder das Leben hinzugeben« (1Joh 3,16). Diese Art der Liebe (griechisch nicht *philia*, die auf Gegenseitigkeit beruhende Zuneigung, sondern *agape*, die selbstlose, göttliche Liebe) kommt auch in Johannes 15,13 zum Ausdruck: »Größere Liebe hat niemand als diese, dass jemand sein Leben lässt für seine Freunde.«

Solche Liebe werden Menschen wirklich sehen, denn sie ist dem gefallenen menschlichen Wesen unnatürlich. Der Maßstab des Alten Testaments lautet, dass wir unseren Nächsten lieben sollen *wie uns selbst*. Der neue, von Jesus eingeführte Maßstab ist seine eigene Liebe: »wie ich euch geliebt habe«. In Jesus dürfen wir die wahre göttliche Liebe kennen lernen und ihm nacheifern. Ein jungbekehrter Freund unterstrich einmal ausdrücklich, dass der von ihm beobachtete liebevolle Umgang in der Gemeinde das Überzeugendste war, was er anfänglich aus den Sonntagsveranstaltungen mitgenommen hatte!

(3) *»Hierin wird mein Vater verherrlicht, dass ihr viel Frucht bringt, und ihr werdet meine Jünger sein«* (Joh 15,8).

Jünger Jesu sind die, die in einer fruchtbringenden Gemeinschaft mit dem Herrn Jesus bleiben. Welche Art von Frucht ist hier gemeint? Zunächst liegt es nahe, an die Frucht des Geistes (Gal 5,22) zu denken. Ferner bedeutet der Ausdruck »und eure Frucht bleibe« in Johannes 15,16, dass diese aus dem Leben im Geist heraus geschehenen Taten einen Ewigkeitswert haben. Denken wir da nur an die Belohnung vor dem Richterstuhl des Christus nach der Entrückung (2Kor 5,10)!

Betrachtet man diesen Vers (16) noch genauer, fällt auch die Redewendung »dass ihr *hingeht* und *Frucht bringt*, und eure Frucht *bleibe*« auf. »Hingehen« deutet auf eine Aktivität hin, die für die Frucht des Geistes im Sinne von Galater 5,22 nicht unbedingt notwendig ist. Dieser Ausdruck wird aber auch in Matthäus 28,19 gebraucht: »Geht nun hin und macht alle Nationen zu Jüngern.« Um Menschen zur Bekehrung zu führen und sie zu wahren Jüngern zu machen, ist wirkliche Aktivität im Sinne eines *Hingehens* notwendig! Dann sind es die Geretteten, die zu unserer und des Herrn Freude in alle Ewigkeit »bleiben« werden.

Daraus lassen sich folgende Schlussfolgerungen ziehen, die grundlegend sind für die Durchführung einer Jüngerschaft, wie sie später beschrieben wird:

- Nachfolge wie auch Jüngerschaft (wobei Erstere das Ziel von Letzterer ist) basieren entscheidend auf dem Wort Gottes und dem Gehorsam diesem gegenüber.
- Die Gemeinschaft mit dem Herrn gibt uns die Fähigkeit, andere Menschen zu Ihm zu führen. So werden sie die Liebe sehen, die wir untereinander haben.
- Jüngerschaft beinhaltet das Prinzip der Vermehrung, des Frucht-Bringens.
- Jüngerschaft muss darauf ausgerichtet sein, Jünger des Herrn zu machen, die in Ihm bleiben!

Auf diesen letzten Gedanken einer Jüngerschaftsbeziehung wird im folgenden Abschnitt eingegangen.

2.3 Das letztendliche Ziel: die Nachfolge

Jünger Jesu sein

Wenn der Herr in Matthäus 28,19 sagt: »Macht alle Nationen zu Jüngern«, ist damit natürlich nicht gemeint, Gläubige um des Selbstzwecks willen in Jüngerschaftsbeziehungen zu integrieren. Es geht nicht darum, in Jüngern persönliche Mitarbeiter zu sehen, deren Bestimmung hauptsächlich darin besteht, der Berufung des Lehrers praktisch zu dienen. Das Ziel ist, dass sie werden wie die Lehrer – doch dies in dem Maße, wie der Lehrer Christus ähnlich ist! Paulus schreibt in 1. Korinther 11,1:

»Seid meine Nachahmer, wie auch ich Christi Nachahmer bin.« Also *Ihm* nachzufolgen und ähnlich zu werden ist letztendlich das Ziel des Schülers wie auch des Lehrers!

Im Grunde ist das ein Prozess des Duplizierens – wie das Kopieren einer Vorlage. Jesus Christus hat Seinen Abdruck im Leben Seiner Jünger hinterlassen. Von einem vorhandenen Abdruck können nun weitere angefertigt werden und auch sie sind jeweils Kopien des Originals.

Dieser Gedanke erscheint so selbstverständlich, dass er kaum erwähnt zu werden braucht. Doch seien wir ehrlich. Wie schnell verfallen wir unserer natürlichen Neigung, uns auf rein Menschliches oder konkret auf uns selbst auszurichten: Der Lehrer vermittelt dem Schüler seine lieb gewonnenen Sonderbetonungen in der Lehre, sein Vorbild besteht mehr in der Wahl von Markenkleidung als in demütiger Bescheidenheit, oder der Schüler versucht, der rhetorischen Raffinesse des Lehrers mehr nachzueifern als dem Inhalt der Botschaft. Wäre das aber nicht leicht erkennbar und würde es nicht zudem die Jüngerschaftsbeziehung unweigerlich scheitern lassen? Ja und nein. Ja, was das eigentliche Ziel betrifft, zur Nachfolge des Herrn hinzuführen. Nein, wenn es um irgendein beliebiges Ziel oder um Jüngerschaft als Selbstzweck geht.

Denn wir dürfen nicht vergessen: Jüngerschaft »funktioniert« immer. Es ist keine abstrakte Theorie auf dem Papier, sondern wird auf jeden Fall die Realität verändern. Robert Coleman schreibt trefflich:

»Dieses Prinzip der Auswahl und Konzentration ist in das Universum tief eingeprägt und wird Folgen haben, ganz gleich, durch wen es zur Ausführung gelangt und ob die Gemeinde es glaubt oder nicht. Es ist gewiss nicht ohne Bedeutung, dass die Kommunisten, immer allem offen, was sich bewährt, diese Methode des Herrn in großem Maße zu ihrer eigenen gemacht haben. Indem sie dieses Prinzip für ihre eigenen, falschen Zwecke gebrauchten, sind sie innerhalb von 75 Jahren aus einer Hand voll revolutionärer Fanatiker zu einem weltweiten Clan geworden, der fast die Hälfte der Weltbevölkerung unterjocht. Sie haben in unseren Tagen bewiesen, was Jesus so klar zu seiner Zeit demonstrierte, nämlich, dass die Volksmenge leicht gewonnen werden kann, wenn ihr nur starke Führer gegeben werden, denen sie folgt.« [2]

Gedanken über echte Nachfolge

Daher darf die Nachfolge des Herrn Jesus als Vorsatz niemals aus den Augen verloren werden. In seinem Buch »Wahre Jüngerschaft« [8] nennt William MacDonald sieben Voraussetzungen für diese Nachfolge. Sie sind Prüfsteine für den Jünger, aber auch für den Lehrer, um die bestehende Basis, die anfallenden Kosten und das entfernte Ziel der Beziehung vor Augen zu halten:

• Höchste Liebe für Jesus Christus (Lk 14,26)
• Selbstverleugnung (Mt 16,24)
• Bewusste Wahl des Kreuzes (Mt 16,24)
• Ein Leben gespendet in Nachfolge (Mt 16,24)
• Liebe zu allen, die zu Christus gehören (Joh 13,35)
• Bleiben in Seinem Wort (Joh 8,31)
• Alles verlassen, um Ihm nachzufolgen (Lk 14,33)

Wir müssen uns zuvor darüber im Klaren sein, wohin wir wollen. Wenn wir uns damit ernsthaft auseinander setzen, schließt sich nicht nur die Frage an, wie wir das Ziel erreichen können, sondern auch, *was* wir bereit sind, dafür zu geben.

Die aufgeführten Voraussetzungen der echten Nachfolge sind vielleicht für uns alle zunächst entmutigend. Unser derzeitiges Leben ist vielleicht weit entfernt davon und das Erreichen dieser Merkmale erscheint womöglich völlig unrealistisch. Zudem reden wir uns zu unserer Beruhigung ein: Sind wir nicht allein aus Gnade gerettet, ohne dass wir etwas hinzutun müssen? Ja, gewiss. Doch Errettung bedeutet ja gerade Rettung aus dem sinnlos-fleischlichen Leben, das von Welt und Ego und letztlich vom Teufel bestimmt wird, hinein in das Reich Gottes, unter die Herrschaft Jesu Christi. Wer aus Gnade gerettet ist, ist unter die Herrschaft Jesu gerettet; er hat einen Herrn, der über sein Leben verfügt.

Deshalb dürfen wir uns nicht darüber hinwegtäuschen, dass die Nachfolge Jesu die logische Konsequenz unserer Bekehrung ist. Ganz selbstverständlich heißt es in Apostelgeschichte 11,26, »dass die Jünger zuerst in Antiochia Christen genannt wurden«. Während wir uns heute fragen, ob ein Christ unbedingt auch Jünger Jesu sein muss, war ursprünglich klar, dass alle Gläubigen Jünger sind, und »Christ« war nur eine weitere Bezeichnung.

Christ zu sein bedeutet, Jünger zu sein. Alles andere ist kläglich und entspricht nicht den Gedanken Gottes, in dessen Herrschaftsbereich wir nach unserer Bekehrung unabdingbar gewechselt sind. Bekehrung und Nachfolge sind daher nicht einfach zu trennen.

Auf der anderen Seite dürfen wir aber auch wissen, dass Nachfolge ein Wachstumsprozess ist. Ein Hindernis ist dabei leider unser Wille – und damit verbunden die Höhe der Kosten, die wir bereit sind, in diese Nachfolge zu investieren. Aber auch unsere Bereitschaft der »Kostenübernahme« kann und wird schließlich wachsen.

Zu diesem Thema ermutigend ist gerade die Geschichte des zuvor zitierten Autors von *Wahre Jüngerschaft*, der selber erst einige Jahre, nachdem er Christ wurde, zur hingegebenen Nachfolge mit allen Kosten fand:

»Die Tatsache, dass er während der Weltwirtschaftskrise aufwuchs, hatte eine tiefe Wirkung auf ihn. Er fasste den Entschluss, niemals in solch finanzielle Notlage zu fallen und so setzte er es sich zum Ziel, sein Glück an der Börse zu schmieden und sich mit dem erworbenen Vermögen mit 35 zur Ruhe zu setzen. Nach seinem Abschluss an der Harvest Business School wurde er Investment-Analytiker in einer großen Bostoner Bank. Doch seine Bankkarriere fand ein jähes Ende, als die Japaner Bomben über Pearl Harbor abwarfen und alle körperlich fähigen Männer in den Militärdienst berufen wurden. Während er in der US-Navy diente, hatte er das Privileg, an den Sonntagvormittagen eine Bibelklasse zu unterrichten. Mit der Zeit schien es, dass der Herr zu ihm sagte: ›Das ist es, wozu ich dich geschaffen habe. Ich hatte dich nicht dafür eingeplant, dass du Magengeschwüre wegen des Geldes anderer Leute bekommst.‹ Diese Überzeugung vertiefte sich. Eines Tages gab ihm ein Christ die Biografie von C.T. Studd. Er fing mittags an zu lesen und war um Mitternacht an der letzten Seite angelangt, ohne Pausen zum Essen einzulegen. Als er das Buch schloss, war ihm klar, dass er niemals zurück an die Bank gehen würde. C.T. Studds Lebensmotto änderte die ganze Ausrichtung seines Lebens: ›Wenn Jesus Christus Gott ist und für mich starb, dann kann kein Opfer zu groß sein, das ich ihm bringen kann.‹ Um Mitternacht sank er auf seine Knie und tat, was er noch nie zuvor getan hatte: Er legte seine Schulabschlüsse und seine eitlen Lebensziele zu Füßen des Kreuzes und weihte sein Leben dem Dienst für den Herrn.«

Ganz ähnlich war es ja bei einigen der Zwölfen selbst: Andreas, Petrus und Johannes hatten bereits eine Begegnung mit dem Herrn, als er sich von Johannes taufen ließ, und schlossen sich ihm an und begleiteten ihn sogar zur Hochzeit von Kana, wo sie bereits als seine Jünger bezeichnet wurden (Joh 1,35-42; 2,1.2). Die eigentliche Berufung dieser Jünger in den Dienst, einhergehend mit der endgültigen Aufgabe des bisherigen Lebens, geschah aber wahrscheinlich erst einige Monate später (Mt 4,18-22).

Für den Lehrer in einer Jüngerschaftsbeziehung ist es deshalb wichtig, stets die Richtung auf die oben geschilderte echte Nachfolge einzuhalten, ohne aber sich oder seine Schüler in den Teilzielen zu überfordern und somit nachhaltig zu entmutigen. So kann das Prinzip der Jüngerschaft unter Gläubigen auch angewendet werden, wenn anfangs dieses hohe Ziel echter Nachfolge nicht klar vor Augen steht, wie in Kapitel 4 erläutert wird.

Das Ziel bleibt auf jeden Fall ein Wachstum zu Seinem Bilde hin und damit auch letztendlich zur echten Nachfolge.

Kapitel 3

Sinn und Zweck von Jüngerschaft

»... Christus in euch, die Hoffnung der Herrlichkeit. Ihn verkündigen wir, indem wir jeden Menschen ermahnen und jeden Menschen in aller Weisheit lehren, um jeden Menschen vollkommen in Christus darzustellen ...«
(Kol 1,28)

3.1 Auftrag und Vorbild des Herrn Jesus

Kommen wir zurück auf den Auftrag des Herrn Jesus in Matthäus 28, *Jünger zu machen*. Diesen Befehl hat Er bei Seinem Abschied sicherlich nicht überraschend erteilt, sondern während Seines ca. dreijährigen Wirkens die Jünger *gelehrt*. Sein lehrendes Beispiel hat dabei zweierlei vermittelt: was echte Nachfolge Jesu heißt und wie Menschen zu solchen Nachfolgern werden. Entsprechend dem Jüngerschaftsgedanken hat Er das gewiss weniger theoretisch dargelegt, als vielmehr selber vorgelebt. Der Meister war in der Beziehung zu Gott selbst ein Jünger, der »an dem, was er litt, den Gehorsam lernte« (Hebr 5,8). Er ließ sich »Morgen für Morgen das Ohr wecken, damit ich höre, wie Jünger hören« (Jes 50,4). Die Botschaft Seines Lebens verdeutlichte Er in zwei Bereichen, die in ausgewogenem Verhältnis zueinander standen. Auch darin ist Er uns ein Vorbild.

1. Sein »öffentliches« Wirken

Hierzu zählen im Wesentlichen Sein Predigen, Sein Lehren, das Heilen und das Wirken von Wundern als sichtbare Zeichen Seiner Autorität. Dies geschah oft in Gegenwart vieler Menschen, häufig auch vor solchen, die keine engere Beziehung zu Ihm hatten. Doch obwohl Er ein vollkommener Lehrer war, beschränkte Er Seinen Dienst nicht auf diese Tätigkeit »vor der Volksmenge«.

2. Sein »privates« Wirken

Dies beinhaltete einen vielleicht noch wichtigeren Dienst: Er konzentrierte und beschränkte sich auf wenige Jünger, die die Botschaft Seines Lebens, Sterbens und Seiner Auferstehung zu allen Nationen weitertragen würden. Er wählte also *nur* zwölf Jünger (oder um einen eher gehobenen Maßstab für unsere Kapazitäten abzuleiten: vier pro Jahr Seines Wirkens), die »bei ihm« (Mk 3,14), in inniger Gemeinschaft mit Ihm sein sollten. Steht es uns da zu, als zugegeben unvollkommene Lehrer unseren Dienst auf das öffentliche Wirken zu beschränken oder vielleicht noch sonntags zu Tisch mit anderen Gemeinschaft zu pflegen? Wohl kaum. In der gleichen Art und Weise, wie der Meister Seine Jünger unterwiesen hatte, sollten auch diese wiederum andere zu Jüngern machen – und so sind auch *wir* aufgefordert, andere zu Jüngern zu machen!

Ein markantes Beispiel für die von Ihm vorgelebten, charakterformenden Beziehungen ist die zu Simon Petrus: Mit welcher Geduld und Liebe hat Er aus dem heißspornigen Fischer einen der größten Diener der Gemeinde gemacht! Nach seinem Fall, den Verleugnungen und der anhaftenden Scham richtet ihn der Herr in all Seiner Gnade wieder auf. Dabei erfährt Petrus nicht nur Vergebung, sondern erhält kurz darauf einen wunderbar hohen Auftrag (Joh 21). Der Herr schenkt ihm wieder Sein Vertrauen; natürlich unverdient, aber gerade darin liegt ja die Gnade.

Im Bewusstsein dieser Gnade kann er dem Volk Israel später sogar zurufen: Jesus, »den *ihr* überliefert und vor Pilatus *verleugnet* habt ... *ihr* aber habt den Heiligen und Gerechten *verleugnet* ...« (Apg 3,13.14)! Er konnte also tatsächlich erhobenen Hauptes (doch vermutlich ohne jede Wertschätzung seiner eigenen Person und ohne jedes Eigenvertrauen) andere dessen bezichtigen, wessen er sich selber schuldig gemacht hatte. Das ist wirklich nur in Demut und der angenommenen Gnade möglich; jeder Rest eigener Stärke würde einen selber bei solchen Äußerungen innerlich zerreißen.

Der Herr ist an solchen Lebensveränderungen interessiert (und nicht an einer Verbesserung unseres »Fleisches«, d. h. bloßer Verhaltensweisen). Diese Art des Wachstums erfolgt aber vornehmlich aus persönlichen Beziehungen heraus. Der Herr möchte uns tatsächlich dazu gebrauchen, auf diese Weise andere zu formen – bzw. uns von anderen formen zu lassen. Das »Zerbrechen« und das Geschenk bewusst gewordener Gnade, wie im Fall des Petrus, kann dabei nur der Herr selber bewirken.

Von sehr großem Trost für uns, die wir Seinen letzten Auftrag von Matthäus 28 weiterzuführen haben, sind die abschließenden Worte: »Und siehe, *ich* bin bei euch alle

Tage . . .« Die Verheißung der Gegenwart des Herrn ist der absolut notwendige Pfeiler, auf den wir uns stützen. Ohne Ihn können wir nicht das Geringste ausrichten. Wir sind, dem Herrn sei Dank, nur Seine Mitarbeiter. Denn die Verantwortung und die ernsthaften Probleme, auf die wir in einer Jüngerschaftsbeziehung stoßen werden, sind überraschend vielfältig und – geben wir es ruhig zu – kaum selbst zu tragen.

3.2 Ein biblisches Prinzip

Die evangelikale Christenheit leidet heute unter einer Art »Methodenwahn«. Zahllose Strategien und Konzepte werden entwickelt und angeboten, von denen man sich erhofft, dass sie die Gemeindehäuser mit Scharen von Menschen füllen und ein erlebbares Wirken Gottes herbeiführen. Leider entspringen diese Methoden nur allzu oft nicht dem Wort Gottes, sondern menschlichen Vernunftschlüssen oder weltlicher Weisheit wie Psychologie, Marketing usw. So werden Kräfte von Gemeindemitarbeitern gebunden, vom eigentlichen Willen Gottes abgelenkt und letztlich fehlinvestiert.

Gottes »Methoden« für geistliches Wachstum, Erweckung und lebendige Gemeinden können wir nicht außerhalb seines Wortes finden. Die Bibel kann nicht durch neuartige Entwicklungen ergänzt werden, denn sie ist vollkommen, »von Gott eingegeben und nützlich zur Lehre, zur Überführung, zur Zurechtweisung, zur Unterweisung in der Gerechtigkeit, damit der Mensch Gottes vollkommen sei, zu jedem guten Werk völlig geschickt« (2Tim 3,16.17).

Jüngerschaft ist keine neu entwickelte menschliche Methode, sondern Gottes seit eh und je gültiges Prinzip. Wie es bei Gottes allgemein gültigen Prinzipien meist der Fall ist, zieht sich der Gedanke der Jüngerschaft wie ein roter Faden durch die ganze Bibel und tritt immer wieder zu Tage. Außer der Beziehung des Herrn Jesus zu seinen Jüngern finden wir etliche weitere Beispiele dafür, dass reifere Gläubige eine intensive Beziehung zu einer jüngeren Person eingingen, um sie für einen späteren Dienst auszubilden. Häufig wurden sie direkt von Gott dazu beauftragt. Hier einige dieser Beispiele:

Mose und Josua

Nach Josuas Bewährung als tapferer Heerführer im Krieg gegen Amalek (2Mose 17) stellt die Bibel ihn als Moses persönlicher Diener vor (2Mose 24,13). Aus 2. Mose 33,11 erfahren wir, dass er sich sogar im Zelt der Zusammenkunft aufhielt, wo Gott mit Mose von Angesicht zu Angesicht redete: »Sein Diener aber, Josua, der Sohn des Nun, ein junger Mann, wich nicht aus dem Innern des Zeltes.« So lernte er aus nächster Nähe die Gemeinschaft zwischen Gott und Mose kennen.

Josua bewährt sich auch als Kundschafter, der ins verheißene Land vorstößt (4Mose 13,14), und bringt sein Vertrauen zu Gott zum Ausdruck. Hier ist Josua bereits ein Mann des Glaubens geworden. In 4. Mose 27, 18-20 wird er von Gott zum Nachfolger Moses bestimmt. Sein Meister legt ihm nun die Hände auf.

Doch ist Moses Dienst an Josua als sein persönlicher Lehrer damit nicht zu Ende: »Und gebiete dem Josua und stärke ihn und befestige ihn; denn er soll vor diesem Volke her hinüberziehen …« (5Mose 3,28). In dieser letzten Zeit sollte Mose Josua in besonderer Weise zurüsten und ihm Entscheidendes mitgeben.

Elia und Elisa

Elia hatte auf dem Berg Karmel den Baalspriestern demonstriert, wer der wahre Gott ist, und war dann aus Verzweiflung in die Wüste geflüchtet. Das war für ihn ein einschneidendes Erlebnis. Nach diesem wurde er von Gott beauftragt, Elisa zum Propheten zu salben, und zwar an seiner statt (1Kön 19,16). Nachdem Elia seinen Mantel auf Elisa geworfen hatte, »machte sich Elisa auf und folgte Elia nach und diente ihm« (1Kön 19,21). Auch hier wurde also der Jünger ein Diener.

Welch tiefe, fast unzertrennliche Beziehung sich zwischen den beiden entwickelte, lesen wir in 2. Könige 2, bevor Elia auf dem Feuerwagen in den Himmel auffuhr. Elisa bekräftigt dreimal, dass er Elia bis zum Ende nicht verlassen will. Es heißt hier: »Und so gingen sie beide miteinander« – ein Ausdruck ihrer tiefen Gemeinschaft. Als Elisa schließlich Elia auffahren sieht, schreit er sichtlich bewegt: »Mein Vater, mein Vater!« Das ist ein eindrucksvolles Vorbild einer echten Jüngerschaft. Für ihn war es nicht nur eine Lehrer-Schüler-Beziehung, sondern die persönliche Beziehung eines Vaters zu seinem Sohn. Elisa wurde dann anscheinend wiederum selber zu einer solchen Vaterpersönlichkeit, denn der König Joasch spricht Elisa kurz vor seinem Tod ebenfalls an mit: »Mein

Vater, mein Vater!« (2Kön 13,14). So hat er das von Elia Empfangene treu weitergegeben.

Paulus und Timotheus, Silas und andere

Paulus hatte eine Schar von Mitarbeitern, die zweifellos von ihm für ihr Leben geprägt wurden. Timotheus und Silas begleiteten Paulus, von diesem ausgewählt, auf seinen Reisen (Apg 15,40; 16,3). In den folgenden Berichten lesen wir wiederholt, wie sie Seite an Seite mit Paulus Freud und Leid erlebten. Einen Eindruck von der innigen, herzlichen Beziehung zwischen Paulus und Timotheus, »seinem Kind im Glauben«, bekommen wir besonders durch Paulus' Briefe, die er an Timotheus schrieb. Darin kommt nicht nur sein Vaterherz zum Ausdruck, das für seinen Jünger schlug, sondern wir sehen auch deutlich Paulus' Wirken als Vorbild und all die Mühen der Belehrung, denen er sich gewidmet hatte (besonders 2Tim 1,13.14; 2,1.2; 3,10). Darauf werden wir im Folgenden noch ausführlich zurückkommen.

Obgleich Paulus – im Gegensatz zu uns heutigen Christen – vieles aus direkter Offenbarung von Gott empfing, hatte er selbst dennoch einen geistlichen Vater, nämlich Barnabas. Dieser nimmt sich wiederholt des jung bekehrten Saulus an oder nimmt ihn mit in seine Dienste hinein (vgl. Apg 9,26.27; 11,25.26; 11,30; 13,2).

Ein gutes Beispiel für zügig fortgepflanzte Jüngerschaft über mehrere »Generationen« hin, wie sie auch in 2. Timotheus 2,2 gelehrt wird, sind Paulus, Aquila und Priszilla, Apollos und die Gläubigen von Korinth. Zunächst lernt Paulus auf seiner zweiten Missionsreise das Ehepaar Aquila und Priszilla in Korinth kennen und nimmt eine intensive Gemeinschaft mit ihnen auf, indem er bei ihnen als Zeltmacher arbeitet (Apg 18,2). Paulus verbringt anderthalb Jahre bei ihnen in Korinth (Apg 18,11) und reist dann mit ihnen zusammen nach Ephesus (Apg 18,18). In Ephesus stößt später, nachdem Paulus allein weitergereist war, der Jude Apollos zu Priszilla und Aquila. Zu der Zeit ist Apollos zwar bereits gläubig, kennt aber nur die Taufe des Johannes. Die beiden »nahmen ihn zu sich und legten ihm den Weg Gottes genauer aus« (Apg 18,26). Priszilla und Aquila waren also durch die Gemeinschaft mit Paulus selbst zu gefestigten Jüngern herangereift, die andere belehren und stärken konnten. Das praktizierten sie nicht von der Kanzel, sondern widmeten sich Apollos ganz persönlich und nahmen ihn mit in ihr Leben hinein. Apollos wiederum, der ohnehin ein stark vorbereiteter und begabter Mann war, wird durch diese persönliche Zuwendung bald selber zu einem fähigen Lehrer, der seinen sehr nützlichen Dienst in Korinth ausübt (Apg 19,27.28). Im 1. Korintherbrief kann Paulus dann zu Recht von Apollos sagen, dass durch ihn etliche Korinther gläubig geworden sind und dass er den Glauben, den zuvor Paulus dort gepflanzt hat, »begossen« hat (1Kor 3,5.6).

Zugleich sehen wir an diesem Beispiel die Gefahr, dass ein solch positiver Einfluss dazu führen kann, dass fleischliche Gläubige sich zu ihrem Leiter als zugehörig bekennen und somit Spaltungen provozieren. Das heißt jedoch keineswegs, dass Apollos – ebenso wenig wie Paulus – mit seinem Dienst etwas falsch gemacht habe.

In der Kirchengeschichte

Das Jüngerschafts-Prinzip finden wir auch in den geschichtlichen Überlieferungen der frühen Gemeinde fortgesetzt: Polykarp war ein Jünger des Apostels Johannes. Er wurde später ein bedeutender Führer der Gemeinde und starb den Märtyrertod. Ein Jünger des Polykarp war wiederum der bekannte Irenäus [10]. Das waren mit Sicherheit nicht die letzten und einzigen solcher Jüngerschaften. Die gleichmäßige rasche Ausbreitung der christlichen Gemeinde und die damit einhergehende Festigung der jungen Gläubigen, sodass bald qualifizierte Älteste für die jungen Gemeinden vorhanden waren, kann ebenso nur durch das multiplizierende Jüngerschaftsprinzip erklärt werden. Gleichzeitig ist der bald darauf folgende Verfall des christlichen Zeugnisses zu einer Kirche mit Machtstrukturen – den der Herr in seinen Gleichnissen in Matthäus 13 vorhergesagt hatte –, wiederum nur durch eine Vernachlässigung des Jüngerschaftsprinzips (zu gunsten einer massenorientierten Entwicklung) zu erklären – genau wie der Niedergang des Volkes Gottes im Buch Richter.

44

3.3 Die Welt erreichen

In den obigen Beispielen kamen Männer Gottes ihrer Verantwortung nach, Mitarbeiter Gottes (1Kor 3,9) zur Fortführung der Arbeit auszubilden. Und von solchen Männern – und Frauen – gibt es bekanntlich zu wenig: »... der Arbeiter aber sind wenige; bittet nun den Herrn der Ernte, dass er Arbeiter aussende in seine Ernte« (Mt 9,36-38). Wenn wir tatsächlich so beten, hört damit unsere Verantwortung aber keineswegs auf. In Mt 28, 19.20 gibt uns der Herr Jesus einen heute noch gültigen *Auftrag* – zum Beten und zum Handeln. In gleicher Weise hatte auch Samuel erkannt, dass es nicht nur Sünde ist, von dem Bitten für das Volk Israel abzulassen, sondern dass bei ihm selber auch die Verantwortung zum Handeln lag: »... fern sei es von mir, dass ich ... aufhören sollte, für euch zu bitten, sondern ich will euch *den guten und richtigen Weg lehren*« (1Sam 12,23).

Nun nehmen sich viele Lehrer (vgl. Jak 3,1) dieser Aufgabe an, doch leider verfallen unser Herz und Verstand häufig dem Trugschluss *»big is beautiful«* – oder weniger salopp formuliert: Der Mensch sieht natürlicherweise mehr die Bedürfnisse der Masse und strebt außerdem schnellen, sichtbaren Erfolg an! Das führt zu einer Betonung von Predigten, Konferenzen und Seminaren mit möglichst großem Publikum. Wie viel gelten tatsächlich Zahlen unter uns Christen, sei es in der Gemeinde, bei Evangelisationen, Vorträgen usw.! Wie wertvoll ist aber dagegen in den Augen Gottes jedes einzelne Leben, das erreicht und geistlich unterwiesen wird. Dafür müssen wir uns ganz neu die Augen öffnen lassen. Wie leicht übersehen oder unterschätzen wir das gewonnene Potenzial, wenn sich ein einzelner Mensch echt und gründlich dem Willen und der Führung Gottes unterstellt. Nicht nur das Hinzufügen zur Gemeinde (durch das Evangelisieren) und deren Aufrechterhaltung (durch den Besuch der Gemeindeveranstaltungen), sondern auch das Multiplizieren sind Gottes Plan. Das ist der Grund, warum persönliche Jüngerschaft in Gottes Augen so bedeutungsvoll ist. Darüber wollen wir im nächsten Abschnitt noch einmal gründlicher nachdenken.

Was bedeutet Multiplizieren?

Gewiss ist die Mathematik keine geistliche Wissenschaft. Doch hilft sie uns bisweilen beim Verständnis von abstrakten, wenig greifbaren Überlegungen auf die Sprünge, da sie Zusammenhänge beziffert und somit bewertbar macht. Ein gläubiger Mathematik-Professor bewies sogar, dass die Erschaffung eines dreidimensionalen Raumes, wie in der Schöpfung geschehen, *optimal* gegenüber jeder anderen Dimensionsanzahl ist. Neben diesen strengen Beweisführungen haben aber auch einfache Modellrechnungen ihren Reiz. Lassen wir uns nicht abschrecken.

Zur Einführung unserer Überlegung gehen wir der Frage nach: Warum geht man davon aus, dass Jahrhunderte nach der Schöpfung, zur Zeit der Sintflut, bereits einige Millionen Menschen auf der Erde lebten? Gott hat sie nicht nach und nach in Tausender-Einheiten geschaffen. Die Begründung ist einfach und ganz natürlich: Wenn zwei Menschen eine Anzahl Kinder bekommen, die nach zwei bis drei Jahrzehnten wiederum mehrere Kinder zur Welt bringen usw., geschieht eine Vermehrung, die exponentiell, d. h. immer schneller werdend, ansteigt. Dieses Prinzip der Vermehrung heißt Multiplikation – im Gegensatz zur Addition, wo nur neue Elemente (in diesem Beispiel Menschen) zugefügt werden, ohne dass sie selber weiter zur Vermehrung beitragen. Wir sehen bereits hier im natürlichen Bereich, dass die von Gott vorgesehene Art und Weise der Vermehrung die *Multiplikation* ist.

Das Szenario dieses Rechenbeispiels lässt sich denkbar einfach auch auf geistliche Vermehrung anwenden: In unserer Ortsgemeinde fühlt sich Stefan besonders berufen, evangelistische Büchertisch-Arbeit durchzuführen. Er fragt seine Mitgläubigen um Rat, wie er seine Zeit, die er für den Dienst zur Verfügung hat, am sinnvollsten nutzen kann. Er würde sich am liebsten jeden Tag in die Fußgängerzone der Stadt stellen, da die Vergangenheit zeigte, dass sich an jedem solchen Tag eine Person bekehrt! (Dies sei hier einmal die Annahme dieser Modellrechnung, die für den folgenden ersten Rechengang besonders vorteilhaft ist.)

Die erste Rechnung ergibt sich aus der Empfehlung: Gehe jeden Tag hinaus in die Stadt, dann werden sich nach einem Jahr bereits 365 Menschen bekehrt haben (laut Annahme). Neben der kaum vorstellbaren Freude hätten wir damit bereits massive räumliche Probleme bei den Zusammenkünften. Wenn wir jedoch davon ausgehen, dass er diese Arbeit 33 Jahre lang gewissenhaft durchhält, verschlägt uns die Zahl der für den Herrn gewonnenen Menschen schier den Atem: Es wären immerhin 12.225!

Eine lohnende Arbeit, würde wohl jeder zugeben. Doch nun erhält Stefan von einem weiteren Gläubigen einen ganz anderen Rat: Gehe nur *einmal* dieses Jahr hinaus auf die Straße. Beschäftige dich dann aber mit dem Bekehrten, den du gewonnen hast, ganz persönlich: Gründe ihn im Glauben, festige ihn, gib ihm die »erste Milch«. Dann ermuntere ihn, zeige ihm die grundlegenden Dinge des Glaubenslebens, führe ihn in das Wort Gottes ein, helfe ihm, ein Überwinder zu werden. Und dann nimm ihn mit zu deinen Diensten, zu Hausbesuchen, Bibelkreisen, Büchertischen etc. Gib ihm Anteil an deinem Leben! Das braucht Zeit und erfordert Investition und Konzentration. Deine Priorität liegt ganz und gar auf der Förderung dieses jungen Gläubigen. Vielleicht nimmt dich das nicht einmal jeden Tag in Anspruch, wie es beim ersten Vorschlag der Fall wäre. Später werden sogar nur noch einmal wöchentliche Treffen oder weniger notwendig sein. Ziele deine Bemühungen aber darauf ab, in ihm den Wunsch zu wecken, ebenso wie du dem Herrn zu dienen und Jünger zu gewinnen! Ein fruchtbarer, sich »fortpflanzender« Jünger ist das Ziel. Ein gänzlich unrealistisches Unterfangen? Zumindest ist es realistischer als die Annahme des ersten Ratschlags, tagtäglich eine Person zum Herrn zu führen.

Nach diesem ersten Jahr seid ihr jedenfalls nur zu zweit (gegenüber 365 s. o.). Ist das Ziel erreicht und arbeitet dein gewonnener Jünger nun in gleicher Weise wie du, werdet ihr nach dem zweiten Jahr immer noch nur vier sein (gegenüber 730) usw. Ein hoffnungsloses Wettrennen? Wie sieht es denn nach zehn Jahren aus? Nach Jahresbilanzen mit 8, 16, 32 und 64 Jüngern wird nach einem Jahrzehnt die Anzahl der Gläubigen immerhin auf

1.024 gewachsen sein. Das kommt dem entsprechenden additiven Ergebnis von 3.650 anscheinend schon näher. Doch nach 33 Jahren werdet ihr mit dem multiplikativen Vorgehen über 8 Milliarden sein! Nach nur 33 Jahren hätte damit – hypothetisch – die gesamte Menschheit nicht nur das Evangelium gehört und sich bekehrt, sondern zudem auch geistliche Reife angenommen! Dass dieses Ergebnis definitiv nicht zu Stande kommen wird, liegt nicht allein daran, dass Gottes Wort der Welt eine dunklere Zukunft verheißt, sondern letztlich auch daran, dass wir Gläubige versäumen, unserer Verantwortung nachzukommen. Gottes Wille ist tatsächlich, dass *alle* Menschen errettet werden (1Tim 2,4)!

Hier fühlen wir uns gedrängt, ein wenig innezuhalten. Natürlich handelt es sich nur um eine Modellrechnung. Uns zwingt sich womöglich der Gedanke auf, dass so etwas im geistlichen Bereich absolut keinen Platz hat. Aber doch, sie hat einen Platz, nämlich in Anbetracht des Zweckes, für den wir dieses Gedankenexperiment durchgegangen sind: Allein mit dem Ziel, das enorme Potenzial dieses *Prinzips der Multiplikation* aufzuzeigen. Bleiben wir also nicht beim ersten nahe liegenden Ratschlag stehen, dem bloßen Hinzutun, sondern wenden wir uns endlich dem zweiten, gottgemäßen zu: dem Multiplizieren!

Gott unterliegt nicht mathematischen Gesetzmäßigkeiten, und doch handelt Er nach dem, was nach Seinen eigenen Gedanken gut, ja geradezu *optimal* ist. Er erschuf die Welt in drei Dimensionen. Der Herr Jesus wählte nur zwölf Jünger aus, von denen elf Seine Botschaft weitertragen würden. Der vollkommene Lehrer und Prediger beschränkte Seinen intensivsten Dienst unter Menschen auf wenige, sodass diese wenigen zu Multiplikatoren werden würden!

Nun richtet sich die Frage an uns, eine Anfrage an unser Leben: Habe ich in meinem Dienst den Sinn für die wenigen, die zu überaus vielen werden können – diesen geistlichen Weitblick?

Ein denkbar einfaches Prinzip

Es liegt nahe, in diesem multiplikativen Wachstum das Geheimnis der frühen Gemeindeentwicklung zu entdecken. Der Heilige Geist bildete die lebendige Beziehung jedes Einzelnen zu Gott und dieser Geist Gottes trieb die Gläubigen zu hingegebener Liebe, zum Dienst untereinander an. Männer wie Paulus und seine Mitarbeiter hatten ein brennendes Anliegen dafür, jeden einzelnen Gläubigen »vollkommen in Christus darzustellen« (Kol 1,28). Petrus war es vom Herrn ganz besonders aufs Herz gelegt, ein Hirte für die Herde der gerade geborenen Gemeinde zu sein und die kleinen Lämmer in ihrem Wachstum zu Schafen zu fördern. Aus diesem viel zitierten Abschnitt aus Johannes 21,15-17 lernen wir, dass die Liebe zum Herrn Hand in Hand mit der Liebe zu Seiner Herde geht. Durch diese Liebe, vom Heiligen Geist bewirkt, waren diese ersten schlichten Gläubigen motiviert, ihrer aufgetragenen Verantwortung bereitwillig nachzukommen [7]. Das Schema, wie ganz einfache Menschen, Handwerker und Fischer, das Evangelium bereits im ersten Jahrhundert über das halbe Römische Reich verbreiteten, könnte also so ausgesehen haben:

- Menschen zu Christus führen,
- sie zum geistlichen Wachstum anleiten, zu Jüngern Jesu machen,
- sie zur gleichartigen Arbeit anleiten,

um sie zu Multiplikatoren von Multiplikatoren zu machen. Dies ist fast schon trivial, würde es nicht viel Zeit und Mühe in einer *persönlichen* Jüngerschaftsbeziehung erfordern!

3.4 Wachstum und Ausrüstung

Vielleicht wenden wir viel unserer Zeit, persönlich oder als Gemeinde, für Menschen mit Problemen auf. Dann fungieren wir sozusagen als Ärzte. In vielen Gemeinden besteht darin leider der hauptsächliche Dienst der Hirten. Man *reagiert* nur auf zu lösende Problemfälle, anstatt zu *agieren* und Gläubige gezielt zu festigen. In diesem Fall fungieren wir als *Lehrer*. Zur Mehrzahl der besagten Probleme wäre es wahrscheinlich gar nicht erst gekommen, wären die betreffenden Gläubigen vorher in der Nachfolge angeleitet und gefestigt worden. Deshalb müssen wir unbedingt auch persönliche Zeit und Kraft dafür aufwenden, Gläubige zu reifen Jüngern zu machen. Beides ist wichtig: sich um Schwache zu kümmern (1 Thes 5,14) und Verheißungsvolle zu fördern (2 Tim 2,2). Zwischen Hirtendienst oder Seelsorge und Jüngerschaft muss ein gesundes Verhältnis bestehen; zumindest in einer Ortsgemeinde entsprechend der Verteilung der Gnadengaben.

Bei der Förderung des geistlichen Wachstums geht es aber um weit mehr, als nur zukünftige Arbeit und Katastrophen zu vermeiden: Es ist Gottes Gedanke für jedes Seiner Kinder und gehört einfach zu unserem Aufgabenbereich, »jeden Menschen zu ermahnen (persönlich, moralisch) und jeden Menschen in aller Weisheit zu lehren (thematisch, zur Erkenntnis Gottes), *um jeden Menschen vollkommen in Christus darzustellen*« (Kol 1,28). Gott möchte, dass wir alle erwachsene *Söhne* werden und nicht *Babys* im Glauben bleiben und ein Leben in Unmündigkeit und Lauheit führen. Wir haben die Aufgabe, das neue Leben in uns und anderen zur Reife zu bringen!

3.5 Jüngerschaft im Gemeindebau

Das Leben eines Christen lässt sich grundsätzlich unter zwei Gesichtspunkten beschreiben: zum einen als ein Jünger Jesu Christi (in diesem Buch als *Nachfolge* bezeichnet) und zum anderen als Glied der Gemeinde.

Diese beiden Gesichtspunkte, die Nachfolge Jesu und die Gliedschaft am Leib Jesu, gehören zusammen und dürfen nicht gegeneinander ausgespielt werden. Vielmehr ergänzen sie sich wunderbar. Dieses ergänzende Bild stellt uns das Neue Testament selber vor Augen. Ein Leben der Nachfolge wird hauptsächlich in den Evangelien vorgestellt, ein Leben als Glied der Gemeinde hingegen in den Paulus- und Petrusbriefen. In der Apostelgeschichte finden wir die harmonische Kombination aus beidem: Hier werden alle Christen ausdrücklich als »Jünger« bezeichnet. Und zugleich finden wir hier einen lebendigen Einblick in Ursprung und Praxis der Gemeinde und ihrer Glieder. Die Gliedschaft am Leib Jesu ist in den Evangelien noch ein Geheimnis, das erst durch Paulus geoffenbart werden sollte. »Nachfolge« hingegen wird in den Briefen nicht mehr ausdrücklich erwähnt, das Wort »Jünger« kommt hier nicht mehr vor.

Bei den Erweckungsbewegungen der letzten Jahrhunderte, in denen die Wahrheiten der Briefe und insbesondere die neutestamentliche Wahrheit über die Gemeinde wieder entdeckt wurden, geriet die Seite der Nachfolge zu Gunsten dieser neuen Prioritäten etwas ins Hintertreffen. Das ist einerseits nicht so tragisch wie der umgekehrte Fall, da der Gedanke der Gemeinde der fortgeschrittenere Gedanke im Ratschluss Gottes ist und in der lebendigen Gemeinde nach Gottes Plan eigentlich die persönliche Nachfolge mit inbegriffen ist. Andererseits hatte dieses – somit eigentlich unnötige – Ungleichgewicht in den Erweckungsbewegungen einen Nachteil, der auf die traditionsgemäße Praxis zurückging: »Gemeinde« oder »Kirche« wurde nämlich, bewusst oder unbewusst, in den letzten Jahrhunderten häufig als eine Institution verstanden, bei der eine Minderheit von »Geistlichen« aktiv und die große Mehrheit der »Laien« passiv ist. Für den gewöhnlichen Gläubigen hat »Gemeinde« allzu oft den Beigeschmack von stundenlangem Dasitzen und Zuhören. Solche Zusammenkünfte sind im Neuen Testament zwar tatsächlich vorgesehen und praktisch auch nicht anders durchführbar, als dass die meisten Anwesenden die längste Zeit über still sitzen und zuhören, doch ist das längst nicht alles, was Gott sich unter »Gemeinde« gedacht hat.

Auch heute wird von Gläubigen häufig nur erwartet, dass sie zur Gemeinde »kommen«, »da sind«, und man meint, in unserer Zeit des Rückgangs und Verfalls sei das wohl alles, was man erhoffen könne. Als Gradmesser für den geistlichen Zustand eines Gläubigen wird die Regelmäßigkeit seiner (passiven) Teilnahme an den Gemeindeveranstaltungen herangezogen. Oder wir fragen einander: »In welche Gemeinde *gehst* du?«, anstatt zu fragen: »In welcher Gemeinde *dienst* du?«, »Wo hast du deine Aufgaben?«, »Wo bist du Mitarbeiter?« Und wenn wir sagen, dass wir in einer Gemeinde »unseren Platz« haben, meinen wir damit im Unterbewusstsein vielleicht mehr einen angestammten Sitz- und Ruheplatz als einen Arbeitsplatz.

Das Neue Testament präsentiert uns mit der Gemeinde etwas ganz anderes als das Ein-Mann-Szenario vor einer großen Zuschauermenge, wie es die meiste Zeit der Kirchengeschichte über praktiziert wurde. Sicherlich ist die Gemeinde zuerst der Quell- und Ruheort, die Oase, wo wir zu den Füßen des Herrn Jesus sitzen, um Ihn geschart, um Ihn anbetend zu bewundern, auf Ihn zu hören und Ihn an uns dienen zu lassen. Das gilt für *alle* Gemeindeglieder, einschließlich den Leitern. Doch leider gleichen Gemeinden oft dem Schema eines Bundesliga-Fußballspiels, bei dem 23 völlig abgekämpfte Macher, die dringend Erholung brauchen, eine Show vor 23.000 zumeist übergewichtigen Zuschauern ableisten, die dringend Bewegung nötig haben.

Als ein lebendiger, harmonischer Leib ist die Gemeinde das organische Gefüge, bei dem jedes Glied, jede Einzelheit eine von Gott zugedachte Funktion ausübt. Jedes Glied hat eine Gabe, die es zum Nutzen der anderen Glieder einsetzen soll (1Petr 4,10). Der Sinn dieser Gaben ist gerade der Dienst aneinander, in der von Gott eingerichteten Ordnung (1Kor 12; Röm 12). Dieser Vergleich mit dem Leib ist keineswegs »nur ein Bild«, sondern eine geistliche, himmlische Realität – Gottes neue, reale Schöpfung. Ebenso eine Realität ist die Gemeinde als der wahre Tempel Gottes, an dessen Bau jeder Gläubige ein lebendiger Stein ist – und darin zugleich ein Priester, der Gott anbetet, ihm dient und ihn auf dieser Erde repräsentiert (1Petr 2,5). Eine lebendige Gemeinde ist nach Gottes Gedanken die wirkliche Stiftshütte (deren Abbild die Stiftshütte im Alten Testament war), wo Seine Herrlichkeit in der Wolke offenbar wird, wo der Herr Jesus der Mittelpunkt ist und sich alles um Ihn dreht. Außerdem ist die Gemeinde das *Haus* Gottes mit einer Ordnung unter den einzelnen Hausgenossen. Dieses Thema ließe sich beliebig ausdehnen, wofür hier nicht der Raum ist.

Jedenfalls wird deutlich, dass innerhalb der Gemeinde jeder einzelne Gläubige Aufgaben von Gott zugedacht bekommen hat, die sich nicht nur auf die Außenwelt (Evangelisation) beziehen, sondern insbesondere auf den gegenseitigen Dienst unter Gläubigen. Das ist das Erkennungsmerkmal der Gemeinde der Jünger Jesu: dass sie einander dienen und somit hingegebene *Liebe* untereinander zeigen (Joh 13,35). Die Gemeinde ist ein äußerst eng geknüpftes, komplexes Beziehungsnetz. In der Jerusalemer Gemeinde war eine Menge von etlichen Tausend Jungbekehrten »ein Herz und eine Seele« (Apg 4,32). Es ist ein ausführliches Bibelstudium wert, das Vorkommen des Wortes »einander« bzw. »gegenseitig« im Neuen Testament zu untersuchen. Die einzelnen Glieder der Gemeinde sind z.B. aufgefordert: einander zu lieben (Röm 13,8), einander zu ermahnen (Röm 15,14), einander zu dienen (Gal 5,13), einander zu ermuntern (1Thes 4,18) u.v.a.m. Und geistliches Wachstum – hoffentlich das Ziel jeder Gemeinde – ist nur durch solch innige Zuwendung zueinander und ein intensives Miteinander möglich. Im

Epheserbrief ist das sehr schön ausgedrückt: Durch den Herrn Jesus ist jedes einzelne Glied der Gemeinde zum Leib zusammengefügt und verbunden, und »entsprechend der Wirksamkeit nach dem Maß jeden einzelnen Teils (jedes einzelnen Gläubigen)« »wirkt Er (der Herr) das Wachstum des Leibes zu seiner Selbstauferbauung in Liebe« (Eph 4,16).

Würde die Gemeinde hier auf der Erde tatsächlich so funktionieren, dass »jedes einzelne Teil« sich »entsprechend seiner Wirksamkeit« einbringt (d.h. wenn jeder Gläubige dem Herrn entsprechend gehorchen und seine Aufgabe erfüllen würde) – Evangelisten, Hirten und Lehrer (Eph 4,12) –, dann wäre die Gemeinde ein Missionswerk und eine Bibelschule zugleich. Ja, dann wären sogar keine Missionswerke und Bibelschulen nötig, denn diese sind von Gott eigentlich gar nicht vorgesehen. Die einzige »christliche Institution«, die von Gott im Neuen Testament vorgesehen ist, ist die Gemeinde. Sie ist die einzige »Firma der Reichsgottes-Arbeit«, hier wird die Herrlichkeit und Weisheit Gottes verkündet (Eph 3,10). Wenn Gemeinde so funktioniert, ist sie ein lebendiger Organismus, der wächst und sich vermehrt, ein Organismus aus hingegebenen, gefestigten Jüngern, die einander im Glauben erbauen und zugleich als Menschenfischer hinausgehen und weitere lebendige Steine zum Tempel Gottes hinzufügen.

Wenn wir uns dies alles so vor Augen führen, scheint es äußerst rätselhaft, warum in den Gemeinden meistens so viele Gläubige untätig und unmotiviert herumsitzen und offenbar nicht wissen, welche Herausforderung die Nachfolge des Herrn Jesus im Dienst für Ihn in Seiner Gemeinde darstellt!

Eine christliche Jugendfreizeit stand unter dem Thema »Herausforderung«. An einem Abend sollten die jungen Leute sich in Gruppen zusammensetzen und aufschreiben, welche Herausforderung sie in der Nachfolge Jesu sehen – z.B. jemanden zum Herrn führen oder in der gottlosen Welt gegen den Strom schwimmen. Beim Vortragen der Ergebnisse stellte sich dann heraus, dass einer Gruppe sage und schreibe keine einzige Herausforderung eingefallen war! Welch ein Jammer in einer Zeit, wo händeringend Jünger und Mitarbeiter gesucht werden. Im Reich Gottes gibt es keine Arbeitslosigkeit, im Gegenteil. Es gibt Äcker zu bestellen, Häuser zu bauen und Kriege zu führen. Mitarbeiter werden gebraucht in der Mission und deren Unterstützung, in organisatorischen Belangen, in der Seelsorge, in der Kinder- und Jugendarbeit, in Hauskreisen und anderen Formen von Verkündigung und Unterweisung. Und Mitarbeiter vor allem in persönlichen Beziehungen. Mitarbeiter, denen Menschen wichtiger sind als Dinge, denen die Heiligung der Geschwister mehr am Herzen liegt als ein volles Aktionsprogramm oder ihr beschaulich-bürgerliches Wohlergehen.

Unsere Gemeinden kranken und siechen oft, weil es an Orientierung, Motivation und praktischer Anleitung zu solchen Aufgaben fehlt. Die Leute, die passiv in den Gemeinden sitzen, werden nie zu tatkräftigen Jüngern werden, wenn sie nur einmal pro Woche von der Kanzel eine Predigt hören, die mitunter nicht einmal aus der Vollmacht Gottes gesprochen ist. Sie brauchen Aufmerksamkeit, Beziehungen, Vorbilder und Anleitung, damit ihnen geistlich auf die Sprünge geholfen wird. Das ist Dienst aneinander und Hinwendung zueinander. Jüngerschaftsbeziehungen sind lebensnotwendige Elemente in der Gemeinde.

Das ist übrigens der wesentliche Kern des oben unvollständig zitierten Verses Epheser 4,16: Die einzelnen Glieder der Gemeinde sind vom Herrn »verbunden durch jedes der Unterstützung dienende Gelenk« (siehe auch Kol 2,19). Diese Gelenke sind die Verbindungen der Glieder untereinander, die funktionieren müssen. Wenn sie gestört sind, wird das Gefüge des Leibes starr und steif, wie bei Arthritis. Verstehen wir, was das für den Leib der Gemeinde und seine Glieder bedeutet? Der Unterarm kann nur gebraucht werden, wenn seine Beziehung zum Oberarm stimmt, wenn der Oberarm die Signale vom Haupt weiterleitet und in einer richtigen Beziehung (Gelenk) zum Unterarm steht. Und vom Oberarm kommt die Kraft, um den Unterarm in Bewegung zu setzen. Durch den Oberarm wird sogar der Impuls vom Kopf an den Unterarm weitergeleitet. So ist jedes Körperteil, das nicht unmittelbar an der Peripherie arbeitet wie die Fingerspitzen, zwischen zwei andere Glieder eingebunden: eines, von dem es Bewegung, Kraft und Impuls empfängt, und ein anderes, an das es diese weitergibt.

Wenn wir das auf uns Gläubige als Glieder der Gemeinde anwenden, fällt es uns wie Schuppen von den Augen, wie wichtig impulsgebende Beziehungen unter uns Gläubigen sind. Es sind Jüngerschaftsbeziehungen, durch die wir die Befehle vom Herrn, die wir selbst durch andere Glieder empfangen haben, weiterleiten. Was für eine Bedeutung von Jüngerschaft für die Gemeinde und ihr Wachstum!

Jüngerschaftsbeziehungen sind also alles andere als etwas, das außerhalb der Gemeinde angesiedelt wäre oder das sich auf den Privatbereich von zwei Menschen beschränkte. Eine Jüngerschaftsbeziehung hat eine nicht zu unterschätzende Bedeutung für die gesamte örtliche Gemeinde, die außerdem *Nährboden* und zugleich *Wirkungsfeld* dieser Beziehung ist.

Eine Jüngerschaft hat folglich das Ziel, Mitarbeiter für den Gemeindebau heranzubilden, sei es zu deren Gründung oder Wachstum. Dies birgt auch die Notwendigkeit in sich, den Schüler zur *Zusammenarbeit* und späteren *Selbstständigkeit* anzuleiten.

Kreislauf des Gemeindewachstums

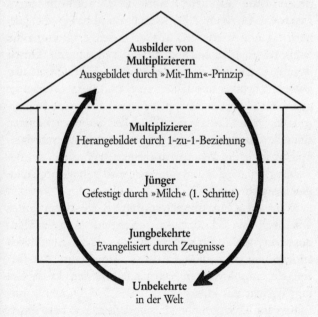

Ausbilder von Multiplizierern
Ausgebildet durch »Mit-Ihm«-Prinzip

Multiplizierer
Herangebildet durch 1-zu-1-Beziehung

Jünger
Gefestigt durch »Milch« (1. Schritte)

Jungbekehrte
Evangelisiert durch Zeugnisse

Unbekehrte
in der Welt

Abbildung 1: Jüngerschaft im Gemeindebau [10]

Waylon Moore versuchte diesen Gedanken der Wechselbeziehung von Jüngerschaft und Gemeinde anschaulich darzustellen (Abbildung 1). Damit wollte er sicherlich kein starres Gemeindemodell vorstellen, sondern die Zweckmäßigkeit von persönlicher Jüngerschaft in einer Gemeinde verdeutlichen. Die einzelnen »Reifestufen« sind auch eher als fließend denn als blockartig zu verstehen.

Zwei Wirkungsrichtungen sind hier im »Haus Gottes« dargestellt: eine von Personen nach oben und eine der Belehrung nach unten. »Jungbekehrte«, die die frohe Botschaft in ihre Herzen aufgenommen haben, werden durch erste »Milch« (biblische Grundwahrheiten, Hebr 5,12-14; 1Petr 2,1-3) gefestigt und damit zu »Jüngern«. Diese wiederum werden durch Zweierschaften (Eins-zu-Eins) schließlich zu »Multiplizierern«. Durch weitere Unterweisung, der eine noch engere Beziehung zwischen Schüler und Lehrer zu Grunde liegt, werden sie ggf. »Ausbilder von Multiplizierern«. Jeder Ausbildungsschritt wird im Prinzip von Gläubigen der nächsthöheren Reife durchgeführt. Dieser Prozess geht einher mit einem Wachstum in der Verantwortung und im Ausmaß der Beziehung. Evangelisation hingegen wird von allen Gläubigen ausgeübt.

Wenn diese Struktur als ein starres Gefüge verstanden wird, kann sie sich für die Ortsgemeinde auch schädlich auswirken. Nur allzu leicht könnte sie zu einem leistungsorientierten, von Christus, dem Haupt der Gemeinde, abgekoppelten Selbstläufer werden. Diese Gefahr besteht besonders dann, wenn ihre Durchführung massiv mit Programmen verschiedenster Art unterfüttert ist. Nichtsdestotrotz ist die Grafik ein hilfreicher Gedankenanstoß. Von dem, was wir daraus lernen, ist von besonderer Bedeutung:

Wachstum und Auferbauung des Leibes Christi erfolgt innerhalb der örtlichen Gemeinde, und auch deren »Reproduktion« in Form von Ableger-Gemeinden findet in diesem Rahmen statt.

Dabei gibt es verschiedene Stadien geistlichen Wachstums, die im 1. Johannesbrief als »Kindlein«, »Jünglinge« und »Väter« bezeichnet werden (1Joh 2,12-17; siehe Abschnitt 4.2). In ihren Aufgaben in der Gemeinde ergänzen sich die einzelnen Gläubigen dieser Stadien entsprechend ihrer jeweiligen Gnadengaben gegenseitig.

Hinsichtlich des Gemeindebaus als Wirkungsfeld fasst Moore in seiner enthusiastischen Art die Vorteile von Jüngerschaft zusammen [10]:

»Jüngerschaft ist einer der besonders strategischen Wege, um einen quasi unbegrenzten, persönlichen Dienst auszuführen.«

Die Früchte dieses Dienstes verpuffen nicht einmalig, sondern pflanzen sich nach dem oben dargestellten Prinzip fort. Diese können noch in den geistlichen Enkeln und Ur-Enkeln gesehen werden, was wirklich kaum Grenzen hat, bis der Herr kommt.

»Jüngerschaft hat mehr Langzeit-Potenzial für Frucht als jeder andere Dienst. Jüngerschaft ist der flexibelste aller Dienste.«

Er bedarf keines Auditoriums und keiner bestimmten Zeit. Wie in jeder Beziehung sind nur einige Absprachen notwendig.

»Jüngerschaft ist der ›schnellste‹ und sicherste Weg, die Gemeinde für Evangelisation zu mobilisieren.«

Der persönliche Kontakt wirkt lebensverändernd gerade im Hinblick auf die Motivation und Fähigkeit des Jüngers, in dieser Welt ein Zeugnis für Jesus zu sein und seine Botschaft weiterzugeben.

»Jüngerschaft bildet Führer heran, die Jesus Christus und das Wort Gottes im Zentrum ihres Lebens haben.«

Dabei muss hinzugefügt werden, dass wir nur fähige Diener ausbilden können, Gott sich aber Führer souverän erwählt.

Die Gemeinde braucht Führer

»Wo es an Führung fehlt, kommt ein Volk zu Fall, doch kommt Rettung durch viele Ratgeber« (Spr 11,14). Das gilt auch für die Gemeinde. Sie braucht aber nicht nur »Führernaturen«, sondern echte geistliche Führer, die dem Herrn völlig hingegeben sind. Solche Aufseher der Gemeinden werden in 1. Timotheus 3 und Titus 1 charakterisiert.

Entwickeln sich nun solche Führer von selbst? Durchaus kann Gott jemanden unmittelbar, ohne das Mitwirken anderer, zurüsten. Ein Beispiel dafür ist Mose. Doch ein solches außerordentliches Eingreifen Gottes steht am Beginn einer Segensära. Das Volk Israel war ohne Führer und einen solchen musste Gott zunächst einmal formen. Eine derartige Arbeit legt Gott dann aber ausdrücklich in

Moses Hand (5Mo 3,28, vgl. Abschnitt 3.2), wenn es um seinen eigenen Nachfolger geht. Josua wurde von Mose ganz persönlich angeleitet; er konnte unmittelbar aus Moses Leben lernen.

Josua 1,1.2 beschreibt uns das Resultat: »Und es geschah nach dem Tod des Mose, des Knechtes des Herrn, da sprach der Herr zu Josua, dem Sohn des Nun, dem Diener des Mose: Mein Knecht Mose ist gestorben. So mache dich nun auf, gehe über diesen Jordan, du und das ganze Volk, in das Land, das ich ihnen, den Kindern Israel, gebe.« Und wirklich: Josua bewährt sich als Führer in der Landnahme Israels. Das Buch Josua ist ein Buch des Sieges!

So positiv die Entwicklung im Buch Josua ist, so negativ geht es hingegen mit dem Volk Gottes im Buch Richter nach dem Tode Josuas weiter. So wie das Buch Josua mit dem Tod Moses beginnt, fängt das Richterbuch mit dem Tod Josuas an; doch diesmal ist offenbar kein Nachfolger vorhanden! In Richter 1,1 steht lediglich: »Und es geschah nach dem Tod Josuas, da befragten die Söhne Israel den HERRN und sagten: Wer von uns soll zuerst gegen die Kanaaniter hinaufziehen, um gegen sie zu kämpfen?« Es ist kein Führer vorhanden. Das Buch Richter ist dementsprechend ein Buch der Niederlagen und des Niederganges. Am Ende heißt es: »In jenen Tagen war kein König in Israel. Jeder tat, was recht war in seinen Augen« (Ri 21,25).

Hatte Josua etwas ganz Entscheidendes versäumt – einen Jünger als Nachfolger und Führer heranzubilden? Oder geht dieses Versäumnis zu Lasten der Ältesten, die unter Josua zu Führern herangewachsen waren? Oder zu Lasten aller Eltern des Volkes? Am Ende vom Buch

Josua und zu Beginn des Richterbuches lesen wir noch: »Und Israel diente dem Herrn alle Tage Josuas und alle Tage *der Ältesten, die Josua überlebten* ...« (Jos 24,31; Ri 2,7). Aber bald darauf heißt es: »Und eine andere Generation kam nach ihnen auf, die den Herrn nicht kannte und auch nicht das Werk, das er für Israel getan hatte. Da taten die Söhne Israel, was böse war in den Augen des Herrn ...« (Ri 2,10.11). Ist es denkbar, dass diese Ältesten und mit ihnen alle, die geistliche Verantwortung trugen, wie z. B. die Familienväter, den ausdrücklichen Befehl Gottes nicht beachtet hatten: »... diese Worte, die ich dir heute gebiete, sollen in deinem Herzen sein. Und du sollst sie deinen Kindern einschärfen, und du sollst davon reden, wenn du in deinem Haus sitzt und wenn du auf dem Weg gehst, wenn du dich hinlegst und wenn du aufstehst« (5Mo 6,6.7)?

Spiegeln sich in der Misere des Volkes Gottes im Richterbuch nicht auch die geistlichen Einbußen bei Generationenwechseln in Gemeinden von heute wider? Und was ist mit unseren Nachfolgern – und unseren Kindern?!

Kapitel 4

Die Durchführung von Jüngerschaft

*Ein Programm für Jüngerschaft ist wie **eine** Konfektionsgröße für die Menschheit.*

Eine echte Jüngerschaft lebt durch die Beziehung zweier Menschen zueinander, der Beziehung zwischen dem Schüler und dem Lehrer. So einzigartig jeder Mensch ist, so verschieden sind auch die Erfordernisse, um einen bestimmten Menschen zur Nachfolge anzuleiten. Die Gestaltung dieser Beziehung hängt dabei nicht nur vom Schüler, sondern auch wesentlich vom Lehrer ab. Denn der Schüler kann im Rahmen der Jüngerschaft bestenfalls so werden, wie der Lehrer ist.

Es gibt daher nicht *das* Programm für Jüngerschaft. Wie Kleidung in nur einer Größe, die dem einen zu groß, dem anderen zu klein, dem dritten zu eng und dem vierten zu weit ist, so verfehlt wäre eine starre Methodik zur Durchführung von Jüngerschaft. Jüngerschaften müssen maßgeschneidert sein. Deshalb können Seminare, Predigten etc. nur unterstützend wirken – ganz abgesehen davon, dass dadurch natürlich keine tiefe Beziehung zu Stande kommt.

Wenn es auch kein Patentrezept oder -programm für Jüngerschaft gibt, so gibt es doch einige Prinzipien, Gedankenansätze, Hilfsmittel und Erfahrungen zur Durchführung von Jüngerschaften. Allerdings müssen sie, bevor sie zur konkreten Anwendung kommen, unbedingt darauf geprüft werden, ob sie in diesem Fall sinnvoll, nützlich und angebracht sind. Bevor wir uns nun der praktischen Durchführung von Jüngerschaft zuwenden, müssen wir aber noch auf die Grundlage eines solchen Unterfangens eingehen: die Gnade.

4.1 Gnade – Notwendigkeit zum Dienst und Wachstum

Es war an einem kalten Winterabend. Wir saßen in einer gemütlichen Dachgeschosswohnung, der Lärm der Stadt zu einem Säuseln gedämpft, und hatten uns wirklich auf diesen Abend gefreut. Vor lauter Aktivität und Stress kamen solche stillen Momente unter Freunden seit langem zu kurz. Ich war bei meinem »Bruder« (unser beider Bekehrung innerhalb eines Jahres und unser gemeinsamer geistlicher Weg verbinden uns tief). Das Gespräch wanderte vom Belanglosen zum Ernsten und dann zum Wesentlichen: unserem Seelenzustand. Mit wenigen, doch eigentümlich kräftigen Pinselstrichen zeichnete mir Martin sein geistliches Befinden auf. War dieses verbale Bild schon verblüffend für mich, da es völlig unvermutet auftauchte und nach außen in der jüngsten Vergangenheit keineswegs sichtbar gewesen war, so erschien es mir denn fast unheimlich; es waren *genau* meine Gedanken über mich selbst! In Seiner Güte hatte Gott uns wieder einmal in unserem geistlichen Zustand und unseren Gedanken vereint, unabhängig voneinander und ohne es zu wissen.

Es ist kaum mit wenigen Worten zu beschreiben, doch ging es im Prinzip darum, dass wir unserer ersten Zeit, der ersten Liebe, dem »Bleiben in Ihm« und einem erfüllenden Dienst nachtrauerten. Wie ist das wieder zu finden und zu bewahren, was wir doch bereits erlebt hatten? Wir hatten über die Jahre praktisch alles probiert, um das Leben im Geiste zu erlangen oder aufrechtzuerhalten. Unsere Kapitulation hatte nun den Inhalt, dass es kein Bestreben, kein Programm unsererseits gibt, dies dauerhaft und in Wahrheit zu erreichen. Wir beschlossen den Abend in der Erkenntnis, uns zunächst von dem alten Ballast (das »Ich-Muss«) zu befreien. Dadurch sollte Gott, und nur Er allein, die Möglichkeit haben, in uns zu wirken.

Noch in der gleichen Woche, vielleicht als Antwort auf meine Gebete, hörte ich eines Morgens ein Lied, dessen Refrain übersetzt lautete: »Wenn ich stehe, dann lass mich auf der Verheißung stehen, dass Du mich hindurchträgst, und wenn ich es nicht kann, dann lass mich auf *die Gnade* fallen, die mich anfangs zu Dir brachte.«

Es schnitt mir fast spürbar ins Herz. Genau das war es, das meinem Leben diese neue Farbe anfangs bei der Bekehrung gegeben hatte, das damals mein ganzes Glück ausmachte und mich praktisch ohne fundierte biblische Kenntnisse zu einem Nachfolger oder zumindest zu jemandem in glücklicher Gemeinschaft mit dem Herrn machte. Das war es auch, das die Höhen meines geistlichen Lebens kennzeichnete, wie ich nun erkannte. Nicht was ich leistete, sondern was Er mir gab: Gnade!

»Du nun, mein Kind, sei stark in der Gnade, die in Christus Jesus ist ...« (2Tim 2,1). Diese Aufforderung schreibt Paulus unmittelbar vor seinem Schlüsselvers zum Thema Jüngerschaft und Multiplikation, auf den wir noch mehrmals eingehen werden: »Und was du von mir in Gegenwart vieler Zeugen gehört hast, das vertraue treuen Leuten an, welche tüchtig sein werden, auch andere zu lehren« (2Tim 2,2). Um diesen Auftrag auszuführen – und dieses Ziel scheint Paulus in 2,1 klar vor Augen zu haben –, müssen wir unbedingt stark in der Gnade unseres Herrn sein. Die Wahrheit, die sich in uns darstellen und ein anderes Leben geistlich beeinflussen soll, muss von der Quelle dieser Gnade Gottes kommen.

Wenn überhaupt, schlussfolgern wir üblicherweise mit demütiger Haltung: Die Frucht unseres geistlichen Dienstes ist ganz vom Herrn abhängig – nicht von uns. Das stimmt, aber wie tief ist unser Verständnis davon und inwiefern beeinflusst es unser aktives Leben wirklich?

Der Begriff der Gnade

Was also ist genau mit »Gnade« gemeint? Um diesen bedeutsamen Punkt zu verstehen, müssen wir uns zunächst die Bedeutung des griechischen Begriffs *charis* (»Gnade«, davon abgeleitet z. B. »karitativ«, engl. *charity*) näher anschauen. Charis bezieht sich allgemein auf *unverdiente* Zuwendungen oder Gunst jeglicher Art. Dabei beschreibt sie das *Objekt* der Gnade oder die Handlung ihrer Zuwendung (z. B. die finanzielle Zuwendung der Korinther in 2Kor 8,6). Auf der *Seite des Gebers* beschreibt charis seine Haltung (Barmherzigkeit) und auf der *Seite des Empfängers* dessen Dankbarkeit (Röm 6,17) sowie die

Auswirkung der Gnade. Ersteren und letzteren Aspekt können wir zur Charakterisierung verschiedener Seiten der Gnade heranziehen.

Der rechtliche Aspekt

Dem Gläubigen ist Gnade zuallererst im juristischen Sinn begegnet. Diese Bedeutung hat der Begriff Gnade auch allgemein im deutschen Sprachgebrauch, wenn wir von Gnade im Sinne von *Begnadigung* sprechen. Das ist die unverdiente Vergebung von Schuld vor einem Richter, in unserem Falle als Gläubige vor Gott als höchstem Richter. Die Auswirkung dieser Gnade versetzt uns in eine familiäre Beziehung zu Ihm, anstelle der vormals richterlichen, anklagenden Beziehung. Diese Anwendung der Gnade Gottes ist einmalig bei unserer Bekehrung geschehen – durch den Glauben an Jesu Werk vom Kreuz. Die Sohnschaft zu Gott, dem Vater, ist jetzt unser geistlicher, unabänderlicher Zustand. In diesem juristischen Sinne ist Gnade der Gegensatz zu Schuld (Röm 4,4), zu Werken (Röm 11,6) und zum Gesetz (Joh 1,17; Röm 6,14).

Doch die Gnade Gottes hat für uns Gläubige auch eine immer wiederkehrende Bedeutung (2Petr 1,2; Hebr 4,16). Diese Seite der Gnade ist es, die wir in unterschiedlichen Formen für unseren Dienst in Jüngerschaften so sehr brauchen.

Gnade in unserem Dienst

In der Praxis können wir Frucht für Gott nur durch Seine Gnade hervorbringen – und das ist schon falsch formuliert: *Er* ist es, der sie in uns hervorbringt! »Denn wir sind sein Gebilde, in Christus Jesus geschaffen zu guten Werken, die Gott vorher bereitet hat, damit wir in ihnen wandeln sollen« (Eph 2,10). Derselbe Gedanke kommt in Johannes 15,3-5 zum Ausdruck (siehe Abschnitt 2.2). Weder produziert die Rebe selber Frucht, noch saugt sie eigensinnig am Weinstock, um die nötige Kraft zu bekommen. Vielmehr ist die Rebe nur eine Art Kanal (der gewiss frei sein muss von blockierenden Hindernissen). Durch ihn hindurch fließt der Lebenssaft, der schließlich Frucht hervorbringt. Deshalb schreibt Paulus: »... durch Gottes Gnade bin ich, was ich bin; und seine Gnade mir gegenüber ist nicht vergeblich gewesen, sondern ich habe viel mehr gearbeitet als sie alle; nicht aber ich, sondern die Gnade Gottes, die mit mir ist« (1Kor 15,10). Natürlich bedeutet das auch, dass wir auf keine unserer Handlungen stolz sein können, der Lohn ist in keinem Fall unser! Wie könnte er es auch sein, angesichts der Basis, unserer sündigen Natur!

Die Gnade anerkennen

Wenn man über 70 christliche Bücher geschrieben hat, die zudem in Sprachen aller Erdteile übersetzt sind, gilt man wohl als bekannt und zuweilen bewundert. Aber vor einer kleinen Schar von Zuhörern sagte der Autor William MacDonald einmal zur allgemeinen Verblüffung: Er habe alle Gedanken und Erkenntnisse, die er veröffentlicht hat, von anderen! Vielleicht habe er die Gabe, diese Gedanken zu ordnen und anschaulich zu erläutern – aber selbst das ist ja eine Gabe Gottes. Er nahm also gar nichts für sich in Anspruch.

Ein anderes Mal gab er unumwunden zu, er habe seinen täglichen Feind erkannt: sich selbst. Mehr noch durch sein Wesen als durch all sein Wissen konnte man lernen, wie es sein kann, zerbrochen zu sein und so in der Gnade Gottes wirklich zu leben. Das war sein anziehendes Geheimnis: das Leben in eben jener Natürlichkeit, der Gnade Gottes. Nicht er war an seinem Ziel, aber Gott war mit ihm am Ziel.

Die Gnade befreit

Der Ernüchterung über unseren Leistungs-Kontostand vor Gott folgt zum einen eine wunderbare Befreiung und zum anderen eine größere, wirkliche Freude. Die Befreiung liegt im Wirken unseres Herrn angesichts unserer Schwäche und unseres Versagens. Wieder ist es die Gnade Gottes, die hier der Resignation über unsere Unfähigkeit gegenübertritt. Paulus schreibt aus seiner Erfahrung und seinem Herzen: »Und er hat zu mir gesagt: Meine Gnade genügt dir, denn meine Kraft kommt in Schwachheit zur Vollendung. Sehr gerne will ich mich nun vielmehr meiner Schwachheiten rühmen, damit die Kraft Christi bei mir wohne. Deshalb habe ich Wohlgefallen an Schwachheiten, an Misshandlungen, an Nöten, an Verfolgungen, an Ängsten *um Christi willen*; denn wenn ich schwach bin, dann bin ich stark«

(2Kor 12,9.10). Haben wir das schon einmal erlebt, dass wir uns vor oder nach einem Dienst für den Herrn unsagbar schwach fühlten und uns für unsere eigene »Leistung« schämten? Und dass dann trotzdem zu unserem völligen Verblüffen ein »Erfolg« sichtbar wurde, der nicht zu erwarten und keineswegs auf uns zurückzuführen war?

Schlimm wird es, wenn wir diese »Erfolge«, sobald sie sich wiederholen, doch auf uns zurückführen und allmählich Selbstvertrauen in uns gewinnen. Dann bewegen wir uns Stück für Stück außerhalb der Gnade, vielleicht sogar in den Augen unserer Beobachter in gar nicht so ungeschickter Weise. Doch ist die Quelle nicht mehr Gottes Geist und unser Wirken entspringt im Gegensatz dazu eher unseren verqueren intellektuellen Gedanken als der wirklich fruchtbringenden Kraft Gottes.

Erst Gnade gibt echte Freude

In der Gnade können wir nun endlich auch *wirkliche* Freude haben, da nur Christus groß wird – und nicht wir, die Ausführenden Seines Wirkens. Bevor wir diese Wahrheit begreifen, kann sie uns wie ein Paradox vorkommen, denn insgeheim sind *wir* davon überzeugt, Zufriedenheit und Freude nur durch *unsere* Leistung und die damit verbundene Ehre zu gewinnen. Wenn wir jedoch auch nur vermuten, dass unser Fleisch – und sei es nur das Bewusstsein unseres Könnens – am »Erfolg« beteiligt ist, entsteht ein bitterer, für die Ewigkeit unangenehmer Beigeschmack in unserem Wirken. Ein Teil am Ruhm, und sei er noch so klein, gehört uns, und gerade diese Prise zerstört den ganzen Geschmack. Wir haben Christus *etwas* gestohlen! (Man stelle sich das einmal vor!)

Unsere Freude über eine sichtbar entstandene Frucht – oder sei es ein unsichtbarer Gehorsam – ist nur dann vollkommen, wenn sie sich *ganz* auf Christus bezieht und Ihm gehört, allein Ihm zur Ehre. Was wir dann tatsächlich fühlen, ist eine unabdingbare Folge des Geistes Gottes in uns. Wirkliche Freude können wir nur haben, wenn dieser Geist sein Ziel erreicht: Christus zu verherrlichen (Joh 16,14). Es ist nicht Freude an uns, sondern Freude an Christus. Alles, was dem entgegensteht, wird durch unser Fleisch genährt (vgl. Gal. 5) und fließt zu ihm zurück, bringt uns aber keine Freude.

Gnade für Sünde in unserem Leben

Neben dieser Gnade bezüglich unserer Werke ist auch der zweite Aspekt der stets aufs Neue notwendigen Gnade ausgesprochen bedeutsam, ja geistlich sogar lebensnotwendig: Der Herr schenkt uns täglich Gnade, damit wir trotz unseres sündhaften Versagens in bleibender Beziehung zu Ihm stehen können! Diese Gnade ist nicht dasselbe wie die juristische Gnade, die durch das Blut Jesu Christi unsere Schuld ein für allemal wegnimmt, uns also für Gott annehmbar macht. Wir sind von der richterlichen ein für allemal in eine familiäre Beziehung zu Gott eingetreten. Doch auch in dieser Beziehung versagen wir täglich und stören sie daher.

Auch dieser Gedanke ist dem Gläubigen vielleicht altbekannt, dennoch wird er aufgrund seiner fundamentalen Wichtigkeit oft unterschätzt. Ohne diese Gnade für unser tägliches Versagen hätten wir keine Gemeinschaft mit Gott. Damit diese Gemeinschaft Bestand haben kann, müssen wir uns nämlich dem Licht Gottes aussetzen. »Und dies ist die Botschaft, die wir von ihm gehört haben und euch verkündigen: dass Gott Licht ist und gar keine Finsternis in ihm ist. Wenn wir sagen, dass wir Gemeinschaft mit ihm haben, und wandeln in der Finsternis, so lügen wir und tun nicht die Wahrheit. Wenn wir aber im Licht wandeln, wie *er* im Licht ist, haben wir Gemeinschaft miteinander, und das Blut Jesu, seines Sohnes, reinigt uns von jeder Sünde« (1Joh 1,5-7).

Das Unangenehme an diesem Licht ist, dass es alles erleuchtet und unsere Sünden »ans Licht bringt«. Sind unsere »dunklen Flecken« im Zwielicht noch nahezu verborgen, so sind sie es in Gottes strahlender Gegenwart nicht mehr. Unsere Sünden stehen dann nicht nur vage und schemenhaft, sondern geradezu wie ein groteskes Kunstwerk angestrahlt vor unseren und Gottes Augen. Angesichts dieses »Kunstwerks« der Sünde ist Gemeinschaft mit Ihm unmöglich.

Doch genau hier wird der Nachsatz in Vers 7 so unendlich wichtig: Das Blut unseres Herrn reinigt uns von aller Sünde. »Wenn wir unsere Sünden bekennen (!), ist er treu und gerecht, dass er uns die Sünden vergibt und uns reinigt von jeder Ungerechtigkeit« (1Joh 1,9). Nur in dieser fortwährenden Gnade können wir Gemeinschaft mit Ihm haben.

Dieser Aspekt der Gnade ist natürlich im alltäglichen Leben mindestens ebenso wichtig wie in einer Jüngerschaftsbeziehung. Doch durch die persönliche Vertrautheit und Vertraulichkeit kommt in einer solchen Beziehung sicherlich mehr Sünde denn je vor menschlichen Augen

»ans Licht«. Das gilt für beide Seiten, die des Schülers wie des Lehrers. Zu dieser unbequem anmutenden Auswirkung einer Jüngerschaft, die unter der Gnade dennoch der Erbauung dient, kommt eine noch bedeutsamere, da existenziellere Auswirkung der persönlichen Beziehung hinzu: die Konfrontation mit unserer alten Natur.

Noch teilweise aktiv: unsere alte Natur

Doch dieser Auswirkung steht unmittelbar der dritte Aspekt der fortwährenden Gnade wirksam gegenüber. Die Gnade ist die Antwort nicht nur auf unser sündhaftes *Tun*, sondern auf unser *Sein*. Es ist die Gnade, die wir angesichts des eigenen Ichs unbedingt brauchen. Das Licht, dem wir in der Gegenwart Gottes ausgesetzt werden, beleuchtet nicht nur unsere Taten, sondern noch weitaus schmerzhafter unser Innerstes, unser Herz. Häufig machen Gläubige erst nach ihrer Bekehrung die schwerwiegende Entdeckung, dass nicht nur in unseren Handlungen Schuld liegt, wir also quasi »Fehler machen«, sondern dass dieser »Fehler« bereits in uns verankert und unserem innersten Wesen zu Eigen ist wie ein hässlicher, von uns unbesiegbarer Tumor. Während uns dies klar wird, ist unser Gewissen durch den Heiligen Geist geschärfter denn je und für die Erkenntnis unseres wahren Zustandes erst sensibel gemacht. Gott hält uns nun durch Sein Wort einen Spiegel vor, in dem wir, vielleicht erst undeutlich das Unvermeidliche erahnend, doch dann in verblüffender Schärfe das ganze Ausmaß unserer gefallenen Natur erkennen können (Jak 1,23.24), die absolute Verdorbenheit unseres natürlichen Herzens.

Darüber schreibt C. H. Mackintosh in seinen *Gedanken zu den fünf Büchern Mose* [9]:

»Gnade beginnt an dem absolut tiefsten Punkt, sie nimmt den Menschen auf, wie er ist, und handelt mit ihm in dem vollen Bewusstsein von dem, was er ist. Es ist von außergewöhnlicher Bedeutung, diese Eigenschaft der Gnade von Beginn an [der Bekehrung] zu verstehen; sie ermöglicht uns, mit der Unerschütterlichkeit des Herzens die nachfolgenden Entdeckungen der persönlichen Verwerflichkeit zu ertragen, die so wiederholt die Zuversicht erschüttert und den Frieden der Kinder Gottes stört. Viele sind es, die am Anfang die völlige Verdorbenheit der menschlichen Natur, wie sie in Gottes Gegenwart zu sehen ist, nicht verstanden haben, doch wurden ihre Herzen durch die Gnade Gottes angezogen und ihr Gewissen in einem gewissen Grad beruhigt, durch die Inanspruchnahme des Blutes Christi. Doch wenn sie fortschreiten, entdecken sie tiefer gehend das Böse in ihrem Inneren. In ihrem mangelhaften Verständnis von Gottes Gnade sowie vom Ausmaß und der Wirksamkeit des Opfers Christi fragen sie sich plötzlich, ob sie überhaupt Kinder Gottes sind. Dadurch werden sie von Christus weg auf sich selbst geworfen, und entweder geben sie sich dann (eigenen) Verordnungen hin, um den Anschein ihrer Geistlichkeit aufrechtzuerhalten, oder aber fallen in völlige Weltlichkeit und Fleischlichkeit zurück. Dies sind katastrophale Konsequenzen und alles die Folge dessen, dass nicht ›das Herz durch Gnade befestigt‹ ist (Hebr 13,9).«

Mit diesem Spiegelbild seiner selbst kann der Gläubige nur mit Hilfe des Verständnisses der wunderbaren Gnade Gottes fertig werden; das Herz muss durch Gnade befestigt sein. Dem »wahrhaftigen Licht«, das in Christus erschienen ist, stellt die Bibel direkt die »Gnade und Wahrheit« gegenüber, die »durch Christus geworden ist«. Wiederum ist es der Apostel Johannes, den der Heilige Geist zu dieser Gegenüberstellung benutzt. Im 1. Kapitel des Johannes-Evangeliums wird zunächst das »wahrhaftige Licht« betont (Joh 1,4-9), als ein wesentliches Element des ersten Kommens Jesu und ein Charakteristikum unseres Herrn. Doch wohin flüchten vor diesem offenbar unerträglich hellem Licht und dieser schneidenden Wahrheit? Johannes schreibt kurz darauf: »Und das Wort wurde Fleisch und wohnte unter uns … voller *Gnade* und Wahrheit … Denn aus seiner Fülle haben wir alle empfangen, und zwar *Gnade um Gnade.* Denn das Gesetz wurde durch Mose gegeben; die *Gnade* und die Wahrheit ist durch Jesus Christus geworden« (Joh 1,14-17).

Die Wahrheit im Spiegelbild erschreckt uns nicht mehr, wenn wir die Gnade Jesu erfahren haben, denn Er gibt sie uns aus Seiner Fülle. Wie ein Verdurstender in der Sahara, ausgetrocknet durch die brennende Sonne, Lippen und Gaumen aufgrund der völligen Trockenheit verklebt, kommen wir zu einem Retter, der uns ein Glas Wasser schenkt. Ein Glas? Wie wenig für diesen Zustand! Doch der Retter gibt uns ja aus einer unerschöpflichen Quelle, Glas *um* Glas, bis wir uns laben und förmlich darin baden und völlig in diesem lebensspendenden, erquicklichen Element aufgehen. Das ist die Art und Weise, wie unerschöpflich der Herr, unser Retter, uns Gnade *um* Gnade darreicht. Er hat wahrlich *alles* gut gemacht.

Wenn wir allerdings nur mit einer Spur auf uns selbst vertrauen, sei es in noch so subtiler, kaum wahrnehmbarer Weise, auf der Suche nach etwas Gutem oder Lobenswertem in uns selbst, dann klammern wir uns noch an das Gesetz. Doch das Streben nach dem Rechtschaffenen ist, als ob wir als Durstende versuchen würden, den Sand der Wüste zu trinken.

Die Befreiung (oder Löschung unseres Durstes) liegt nicht darin, aus eigener Kraft stückweise Früchte des Lebens im Geist zu erstreben. Das kann man nur als einen vergeblichen Versuch ansehen, geistlich zu leben. Nein, die Befreiung liegt vielmehr in der Veränderung, die Gott bereits in jedem Wiedergeborenen gewirkt hat und durch Seine Gnade auch darstellen wird (vgl. 2Petr 1,3.4). Nicht wir sind fähig, das Ich zu besiegen, aber Gott hat es bereits besiegt. Dabei sollten wir nicht dem Irrtum verfallen, wir könnten diese Wahrheit durch unsere eigene Anstrengung sichtbar umsetzen. Allerdings müssen wir uns schon für Gottes Veränderungen willentlich entscheiden und den Weg der Nachfolge – Selbstverleugnung und das Kreuz Jesu – um jeden Preis gehen.

Für die Jüngerschaftsbeziehung ist die beiderseitige Bewusstmachung der Gnade von elementarer Bedeutung. Es liegt ganz in der Natur einer solchen Beziehung, dass beide daran beteiligten Personen im verstärkten Maße ins Licht der Wahrheit gestellt werden. Sie können sich nicht mehr selbst betrügen, wie der Mann aus Jakobus 1,23.24, der sein »natürliches Gesicht in einem Spiegel betrachtet … und ist weggegangen und er hat sogleich vergessen, wie er beschaffen war«. Selbst bei Gläubigen, die wir unter gelegentlichem Umgang für die edelsten unter den Menschen hielten, kommen in engen Beziehungen erschreckende Charakterzüge zu Tage, Gewohnheiten, Abarten und immer wiederkehrende Sünden, die die Abgründe des unverbesserlichen menschlichen Herzen offenbaren. Und in einer Jüngerschaftsbeziehung ist es ja gerade Voraussetzung, die Masken fallen zu lassen und mit offenen Karten zu spielen. Alles, was nicht dem Bild Jesu entspricht, muss hier angesprochen und angegangen werden. Vielleicht ist gerade das der Grund, warum es anscheinend so wenig echte Jüngerschaften gibt. Wer ist bereit, sich vor einem Fremden förmlich zu entkleiden? Doch bedarf es hierzu eben keines Mutes (wie wir ihn bräuchten, wenn wir nicht auf Gnade, sondern dem Boden der eigenen Wertschätzung stünden!), sondern nur der Gewissheit der Gnade Gottes, in der gegenseitigen wie auch eigenen Annahme als Sünder, mit einer zwar durch Christus besiegten und gestorbenen, aber doch noch wirksamen alten Natur.

Aber demgegenüber steht die unaussprechliche Freude, im anderen das neue, von Gott geschenkte Leben zu entdecken und womöglich zu fördern; das Leben im Geist, das Gottes Werke durch uns zur Frucht bringt und das *allein* zur Ehre Christi ist. Dann haben wir die Freude in diesem Leben in Gnade und Wahrheit und scheuen uns nicht mehr, ins Licht zu treten. »Wer aber die Wahrheit tut, kommt zu dem Lichte, damit seine Werke offenbar werden, dass sie in Gott gewirkt sind« (Joh 3,21).

Wie es weiterging

Theoretisch war mir das sehr geläufig, doch was mich selbst betraf, verblasste über die Jahre diese wunderbare

Tatsache der Gnade Gottes wie die Farben eines alten Gemäldes. Über drei Wochen hinweg widmete ich meine Zeit dazu, dass der Herr mir diese Gnade wieder in mein Herz legen konnte. Ich brauchte eine Anschauung und fand sie in wunderbarer Weise im Leben Jakobs. C. H. Mackintosh schreibt dazu:

»Diese (die Geschichte Jakobs) ist eigentümlich das Herz tröstend; und sie mag sehr gut im bemerkenswerten Kontrast zu der Weise stehen, wie die große Mehrheit menschlicher Biografien geschrieben ist, in denen, zum größten Teil, wir nicht die Geschichte von Menschen, sondern von Wesen, frei von Fehlern und Schwachheit, finden. Diese Geschichten haben beim Leser eher den Effekt, dass sie ihn entmutigen anstatt aufbauen. Sie sind eher Geschichten von dem, was sein sollte, statt was wirklich ist, und sie sind daher unnütz für uns ...«

Die Auslegung des Lebensweges Jakobs, der mit dem Wechselspiel zwischen Jakobs Eigensinnigkeit und der Gnade Gottes geradezu durchtränkt ist, kann an dieser Stelle sicherlich nicht anschaulicher dargestellt werden als in den *Gedanken zu den fünf Büchern Mose* von C. H. Mackintosh und wäre auch hier nicht unbedingt dienlich. Gott hat Seine Zeitpunkte im Leben eines jeden. So hatte ich diese Lebensgeschichte bereits mehrfach studiert, einmal ausführlich auf einer christlichen Konferenz, aber wie ein Lack, der auf einem glatten Untergrund aufgetragen wird, platzten diese Gedanken bald wieder ab, so schön das frische Bild auch war. Doch vor jenen bedeutsamen drei Wochen hatte Gott selbst den Untergrund vorbereitet. Mein Herz war quasi geschliffen und grundiert.

4.2 Keine Einheitskost – das Bedürftigkeitsprinzip

Bedürftigkeit – das ist das Stichwort dieses Kapitels. Denn wenn man der Frage nachgehen möchte, wie Jüngerschaftsbeziehungen praktisch durchzuführen sind, so gilt es zunächst zu klären, *wer welche* Art von Betreuung und Belehrung benötigt.

Häufig widerstrebt es Christen, den Gedanken einer Unterschiedlichkeit unter Gläubigen zu Ende zu denken. Sind denn nicht alle gleich vor dem Herrn, Geschwister unter Geschwistern? Das ist absolut richtig, was die Stellung als Söhne Gottes und die Wertigkeit und Privilegien im Herrn (Gal 3,27.28) betrifft. Eine vermeintliche Gleichheit ist jedoch falsch hinsichtlich der geistlichen Reife und damit der Verantwortung und des Dienstes im Leib Christi (vgl. 1Tim 3,6; Röm 14,1). Dies ist allerdings nicht nur vom Alter abhängig, auch nicht nur vom »geistlichen Alter« nach der Bekehrung, sondern vielmehr von der geistlichen Entwicklung und dem Glaubensleben des Einzelnen. Wenn beispielsweise jemand bereits seit fünf Jahren gläubig ist, aber diese Zeit ohne verbindlichen Gemeindeanschluss verbracht hat, einer unbiblischen Gemeinschaft angeschlossen war, seine Bibel nur sporadisch gelesen oder in offenem Ungehorsam gegenüber Gott gelebt hat – und jetzt einen konsequenten Weg der Nachfolge einschlagen möchte –, braucht er eine andere Betreuung als ein ebenso lang Gläubiger, der die ganze Bibel mehrmals gelesen und bereits ausgiebige Erfahrungen im Dienst für den Herrn gesammelt hat.

Das Wort Gottes unterscheidet die Reife der Gläubigen, wenn es darum geht, welche Art von Belehrung für sie angemessen ist. Das ist nur zu natürlich, denn wer würde einem Erstklässler höhere Mathematik oder Quantenphysik beibringen wollen? Die Bibel gebraucht zur Veranschaulichung dafür das noch natürlichere Bild der Ernährung eines Neugeborenen: » Denn während ihr der Zeit nach Lehrer sein solltet, habt ihr wieder nötig, dass man euch lehre, was die Anfangsgründe der Aussprüche Gottes sind; und ihr seid solche geworden, die Milch nötig haben und nicht feste Speise. Denn jeder, der noch Milch genießt, ist richtiger Rede unkundig, denn er ist ein Unmündiger; die feste Speise aber ist für Erwachsene, die infolge der Gewöhnung geübte Sinne haben zur Unterscheidung des Guten wie auch des Bösen« (Hebr 5,12-14).

Das gleiche Bild, wie neugeborene Kindlein begierig nach der vernünftigen, unverfälschten Milch zum Wachstum zu sein, finden wir auch in 1. Petrus 2,2: »... und seid wie neugeborene Kinder begierig nach der vernünftigen, unverfälschten Milch – damit ihr durch sie wachset zur Rettung ...«

Im Hebräerbrief wird nicht nur zwischen geistlich Unmündigen und Erwachsenen unterschieden, sondern auch darin, welche Art von geistlicher Nahrung sie brauchen. Dieser Differenzierung werden jedoch viele Gemeinden nicht gerecht, da bei ihnen Predigten oder gemeinsame Wortbetrachtungen als Belehrung dominieren. Bedauerlicherweise ist diese allgemeine Form von Belehrung meistens eher auf die geistlich »Erwachsenen« als Zielgruppe ausgerichtet.

Dabei sind die Grenzen zwischen diesen »Gruppen« selbstverständlich fließend. Doch Gottes Wort reduziert dieses komplexe, für uns schwer unterscheidbare Gefüge, damit wir es besser verstehen und überblicken können.

So finden wir in 1. Johannes 2 als tief gehendste Erläuterung der verschiedenen Wachstumsphasen in der Erkenntnis Gottes und der geistlichen Reife eine Unterteilung in nur drei Gruppen: Kindlein, Jünglinge und Väter.

Wo liegen nun die charakteristischen Übergänge zwischen diesen Gruppen? So wenig, wie diese Übergänge im entsprechenden körperlichen oder geistigen Reifeprozess eines Menschen zu finden sind, so wenig kann man solche Übergänge auch im Geistlichen festmachen – zumindest aus menschlicher Sicht. Dennoch lassen sich den natürlichen Reifephasen recht genaue Merkmale zuordnen, sodass uns eine Unterscheidung zwischen Kindern, jungen Leuten und reifen Vätern im Allgemeinen leicht fällt, oder geben wir besser zu: eher den Erwachsenen leicht fällt als den Kindern. In gleicher Weise schließt uns Gott auch das Verständnis über die geistliche Reife auf: Den in 1. Johannes 2 angesprochenen Gruppen werden einzelne Merkmale zugeordnet, welche diese Gruppen sehr gut definieren.

Das Stichwort ist hierbei die *Erkenntnis*. Jemanden *erkennen* ist eine Folge der Beschäftigung mit dieser Person und die Grundlage für echte Gemeinschaft. So wird dieser Ausdruck in der Bibel insbesondere auch für die Gemeinschaft zwischen Mann und Frau in Bezug auf ihre eheliche Vereinigung gebraucht.

Die Kindlein

Ihnen sind die Sünden vergeben (1Joh 2,12) und sie haben den Vater *erkannt* (1Joh 2,14), d. h. sie haben erfahren, dass Gott ihr himmlischer Vater geworden ist, dass sie also die Sohnschaft durch den Glauben an Christus empfangen haben. Damit treten sie in eine ganz neue, väterliche Beziehung zu Gott, die von Anfang an sehr intensiv sein kann (und hoffentlich ist). Außerdem kennen sie die Wahrheit (1Joh 2,21), in die sie der Heilige Geist eingeführt hat. Sie haben also alles Grundlegende verstanden, oder – mit den Worten von Hebräer 5 – »die Anfangsgründe der Aussprüche Gottes«. Dennoch sind sie geistlich unerfahren und unmündig, wie eben natürliche Kinder auch.

Die Väter

Um zunächst entsprechend 1. Johannes 2 die Jünglinge zu überspringen und zu einer Illustration der Väter zu kommen: Mein kleiner, dreijähriger Sohn hat mich auch als Vater erkannt und wir leben in dieser Beziehung miteinander. Doch ist diese Beziehung selbstverständlich eine ganz andere als die, die meine Frau zu mir hat. Ihre Erkenntnis meiner Person und damit unsere Gemeinschaft sind von einer ganz anderen Qualität. In Analogie zu dieser zweiten, tiefer gehenden Art der Erkenntnis einer Person heißt es nun gleich zweimal – und ausschließlich – von den Vätern, dass sie den »erkannt« haben, »der von Anfang an ist« (1Joh 2,13.14). Dies ist das besondere Merkmal der Väter.

Mose ist beim brennenden Dornbusch dem Allmächtigen begegnet, der von Anfang ist. Gott sagt ihm: »Ich bin, der ich bin« (2Mo 3,14). Auch wenn dieser Name Gottes schon viel besagt, so bekam Mose doch bei dieser Begegnung zunächst quasi nur ein leeres Blatt, versehen mit einer Überschrift. Dieses Blatt aber wurde im Laufe der Zeit durch die Gemeinschaft mit Gott kontinuierlich beschrieben. In dieser Gemeinschaft wächst Mose sichtbar; mehr und mehr »erkennt« er den Einen, der von Anfang an ist.

Dementsprechend haben geistliche Väter den Einen, ihren Herrn und Gott, erkannt und leben in einer tiefen Gemeinschaft mit Ihm. Sie sind solche, die nicht nur *über* den Herrn reden, so wie man *über* einen König oder Kanzler redet, den man kaum gesehen hat und von dem man eher durch Medien hört. Nein, sie reden *von* dem Herrn, denn sie leben wirklich *mit* Ihm. Sie kennen Ihn. Dies ist übrigens ein praktisches Indiz, wirkliche Väter – nicht bloß kluge und belesene Köpfe – zu erkennen, wenn man nur einmal darauf achtet.

Zumeist überzeugen Väter durch ihren Lebenswandel eher als durch Worte. Sie strahlen in allen Lebensbereichen ihres Alltags, ob in der Gemeinde, der Familie oder dem Beruf, ein gutes Zeugnis und geistliche Reife aus. Man erkennt an ihnen die Wesenszüge Christi, denn die Frucht des Geistes (Gal 5,22) ist bei ihnen nicht nur hörbar (durch Worte), sondern auch sichtbar (durch Taten).

Einen Vater erkennen

Kurz vor der Jahrhundertwende, als der junge Henry Allen Ironside, gerade 20 Jahre alt, vom Herrn in einen vollzeitigen Dienst gerufen wurde, suchte er die Gemeinschaft einiger älterer Brüder, um mit ihrer Hilfe aus Gottes Wort zu lernen. Zuvor hatte er bereits mit seinem ganzen Einsatz das Evangelium gepredigt; doch nun wurde ihm klar, wie sehr es ihm noch am Rüstzeug fehlte, um die Gemeinde belehren und auferbauen zu können. Einer seiner Besuche führte ihn zu dem gealterten Andrew Fraser, der in einem Zelt unter Olivenbäumen am Stadtrand von Los Angeles lebte. Er hatte eine ansteckende und unheilbare Krankheit und sah in dieser Zeit wenig Menschen. Als Ironside das Zelt betreten und sich vorgestellt hatte, erklärte er Fraser sein Anliegen.

»Nun«, sagte der alte Diener des Herrn, »dann lass uns für eine Weile niedersetzen und über das Wort Gottes reden.« Er öffnete seine verschlissene Bibel und erklärte eine ganze Zeit lang, bis ihn seine Kräfte verließen, hingebungsvoll Wahrheit um Wahrheit des kostbaren Wortes Gottes, indem er von einem Abschnitt zum nächsten ging. Er tat dies in einer so einfachen und ergreifenden Weise, dass Ironside diese Dinge vor Augen gestellt wurden, wie er es zuvor nie erlebt hatte. Tränen liefen dem jungen Prediger über die Wangen.

»Wo hast du diese Dinge gelernt?«, fragte er schließlich und meinte, endlich das Ziel all seiner Studienbesuche erreicht zu haben. »Kannst du mir sagen, wo ich ein Buch finde, das mir solche wunderbaren Wahrheiten schnell näher bringt? Oder hast du diese Dinge in einem Seminar gelernt?« Gespannt wartete er auf Frasers Antwort, die er nie vergessen sollte: »Mein lieber junger Freund, ich habe diese Dinge auf meinen Knien auf dem Lehmboden einer kleinen Kate im Norden Irlands gelernt. Dort kniete ich, oft für Stunden, mit meiner geöffneten Bibel vor mir und bat Gott, meiner Seele Christus zu offenbaren und meinem Herzen das Wort Gottes zu öffnen. Er lehrte mich dort mehr auf meinen Knien auf jenem modrigen Boden, als ich jemals auf einer Schule oder einem Seminar in aller Welt hätte lernen können.« [12]

Die Jünglinge

Die Jünglinge zeichnen sich hingegen – wie im natürlichen Reifeprozess – durch Überwinderkraft und Stärke aus. Das Wort Gottes bleibt in ihnen, d.h. sie handeln auf dieser Grundlage, und sie haben den Bösen überwunden (1Joh 2,14). Dies ist also die Phase besonderer Agilität mit einem enormen Potenzial, für den Herrn zu arbeiten und zu kämpfen und Sein Werk voranzutreiben.

Diese Gruppen von Gläubigen brauchen nun zu verschiedenen Zielen und Zwecken auch jeweils unterschiedliche Unterweisungen. Das ist in Abbildung 2 (mit einer Erweiterung auch auf Unbekehrte) veranschaulicht. Links sehen wir die jeweilige Art der Belehrung (»Milch« und »feste Speise« werden in den folgenden Kapiteln näher erklärt) und auf der rechten Seite lesen wir, welchen Zweck diese Belehrung jeweils verfolgt. Anhand der angegebenen Bibelstellen lässt sich nachvollziehen, wo wir persönlich in diesem Schema wieder zu finden sind.

Jüngerschaft richtet sich also prinzipiell an zwei unterschiedliche Zielgruppen: Kindlein und Jünglinge. Gläubige dieser beiden Gruppen brauchen also, wie wir versucht haben zu verdeutlichen, unbedingt die jeweils passende, ihren verschiedenen Bedürfnissen entsprechende Unterweisung. Ziele dieser Zurüstung sind bei den Kindlein u. a. das Befestigen und Trösten (darauf werden wir im Zusammenhang von 1Thes 2 und 3,2 noch genauer eingehen), das elementare Wachstum und das Erlangen eines geistlichen Unterscheidungsvermögens.

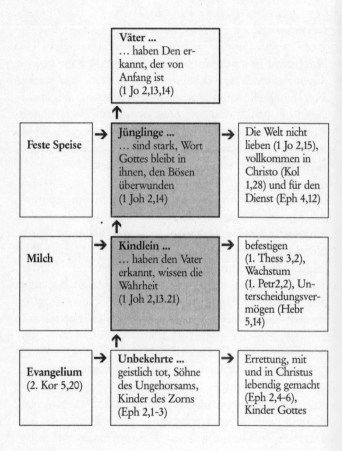

Abbildung 2: Wachstum nach Reifephasen in der Erkenntnis Gottes (1Joh 2)

In den folgenden Abschnitten werden wir uns damit beschäftigen, wie dies in einer Jüngerschaftsbeziehung verwirklicht werden kann. Die Unterweisung der Kindlein (die »Milch«) wollen wir dabei jedoch zur leichteren Unterscheidung als eine Vorstufe zur Jüngerschaftsbeziehung betrachten, die Ausbildung der Jünglinge hingegen als die eigentliche Jüngerschaft. Prinzipiell sind die grundlegenden Elemente dieser Beziehungen recht ähnlich und der Übergang ist häufig fließend. Der Inhalt ist aber vom Schwerpunkt her ein anderer, eben nach Art der Bedürftigkeit.

Ziele für das Wachstum der Jünglinge sind u. a., dass sie »die Welt nicht lieben noch was in der Welt ist« (1Joh 2,15), sie »vollkommen in Christus darzustellen« (Kol 1,28) und sie für das »Werk des Dienstes« auszurüsten (Eph 4,12).

Zum Abschluss dieser Gedanken noch ein Wort an die Väter: Auch wenn ihr Merkmal zunächst das ist, Den erkannt zu haben, der von Anfang an ist, und wir beim Ausdruck Väter vielleicht an ein gewisses (geistliches) Alter denken, so besagt das Wort darüber hinaus doch noch mehr. Denn was macht Väter zu Vätern? Ja, Väter haben Kinder. Es ist nur natürlich, dass geistliche Väter auch geistliche Kinder haben. Deshalb mag sich jeder »Vater« einmal fragen, wer seine geistlichen Kinder sind – oder wer es werden wird. Die Antwort auf diese Frage ist ein Indiz dafür, in wieweit der hohe Auftrag an sie, Jünger zu machen, erfüllt wurde, indem sie tatsächlich geistliche Kinder haben.

4.3 Die Ausbildung der Kindlein – Vorstufe zur Jüngerschaft

4.3.1 Die Bedürfnisse der Kindlein

Wenn eine Mutter ihrem Kind die erste Milch gibt, so kann sie im Normalfall darauf vertrauen, dass es mit dieser Milch alle nötigen Nährstoffe zum Wachstum erhält – und das in einer perfekten Dosierung. Ganz so einfach ist es in der anfänglichen Betreuung Jungbekehrter nicht. Ihre »Milch« muss erst einmal zusammengesetzt werden. Wenn sie nun allzu schnell »feste Nahrung« enthält, das geistliche »Kind« dafür aber noch nicht das rechte Verständnis hat, kann es durch ein gesetzliches Denken geprägt werden. Diese Gefahr besteht besonders dann, wenn es um äußere Verhaltensweisen geht, wie das Ablegen von alten Lebensgewohnheiten bis hin zu Äußerlichkeiten wie die Kleidung. In vielen Gemeinden existieren darüber ungeschriebene Verhaltensregeln und unterschwellige Denkmuster, die zwar eine biblische Berechtigung haben mögen, doch in ihrer Form längst gesetzlich institutionalisiert sind. Ein Verstoß gegen solche Gebote wird dann entsprechend spürbar missbilligt.

Hier sollte in Weisheit und Verständnis unterschieden werden, was im Leben des Jungbekehrten Sünde und eindeutiger Ungehorsam ist – davon frei zu werden ist ein unbedingtes Ziel – und welche Veränderungen auf einer inneren Überzeugung aufbauen sollten, die auf gesünderem Wege durch ein geistliches Urteilsvermögen gewonnen wurde. Erst wenn diese Grundlage gelegt ist, darf die »Milch« allmählich durch »feste Speise« abgelöst werden.

Eine Überforderung müssen wir hier unbedingt vermeiden.

Was sind nun tatsächlich die Bedürfnisse der Jungbekehrten? Sie können einerseits sehr individuell sein, beispielsweise geprägt durch die soziale Umgebung des Einzelnen, wie das Elternhaus oder den Freundeskreis. Andererseits können wir jedoch einige generelle Bedürfnisse nennen, die am Anfang eines jeden geistlichen Lebens bestehen. Die Reihenfolge, in welcher sie im Folgenden aufgezeigt werden, entspricht natürlich nicht der jeweiligen Priorität; die Priorität ergibt sich wieder ganz individuell.

Das Wort Gottes

Grundlegend für das geistliche Leben und besonders auch für das Wachstum ist die Befestigung des jungen Gläubigen durch das Wort Gottes. Was für reifere Christen vielleicht – nein, hoffentlich! – selbstverständlich ist, ist für gerade Wiedergeborene nicht unbedingt nahe liegend. Natürlich führt der Geist Gottes den Neubekehrten auch unmittelbar dazu, Gottes Wort zu lesen und in der Erkenntnis des persönlichen Retters zu wachsen. Doch die Verwirklichung dieses grundlegenden Interesses kann – bedingt durch den Lebensstil vor der Bekehrung – erschwert sein. Auf jeden Fall ist Hilfe und Anleitung sinnvoll.

Dabei sind zwei Dinge äußerst wichtig: Zum einen sollten auch zu Beginn Grundlinien in der Bibel vermittelt werden, wie insbesondere die Heilsgeschichte und damit Gottes wunderbarer Plan, die Erlösung in einer genialen Aufeinanderfolge zu offenbaren und zu entfalten. Dadurch erhält der Neubekehrte gleich zu Beginn ein gesteigertes Verständnis der Bibel und einen systematischen Überblick, um auch schwierigere Textstellen einordnen zu können.

Zum anderen bedeutet eine solche *Festigung* in der persönlichen Bibellese aber auch, dass die Bibel als die wirkliche Grundlage, das A und O für das tägliche Leben der Nachfolge angenommen wird. Nicht nur das tägliche Nachsinnen über Gottes Wort ist bedeutsam, sondern auch die tägliche Anwendung. Auf diese Weise wird das Glaubensleben auf dem Fundament der Gedanken Gottes und insbesondere Seiner Verheißungen gegründet.

Um das zu vermitteln, gibt es wohl keinen geeigneteren Weg, als das Lernen anhand eines persönlichen Beispiels und Vorbilds. Wenn der Neubekehrte erlebt und begreift, welche Bedeutung das Lesen der Bibel für den reiferen Betreuer hat, wird das äußerst prägend für ihn sein. So kann der Jungbekehrte zu selbstständigem Bibellesen motiviert und etwas in seinem Leben etabliert werden, was in Kapitel 4.3.4 noch näher behandelt wird: die *Stille Zeit*. Neben dem eher studierenden Lesen der Bibel hat er damit eine tägliche Gewohnheit, die der Herr dazu benutzen kann, mit ihm durch Sein eigenes Wort im Gespräch zu sein. Auf diese Weise lehrt man nicht nur Wissen anzuhäufen, sondern auch ganz persönliche Nahrung vom Herrn zu suchen. Dies ist der erste Schritt in eine Selbstständigkeit.

Darüber hinaus dient dieses Befestigen im Wort Gottes auch dem ungehinderten Wachstum in der *Unterscheidung des Guten als auch des Bösen*. Wie wir anhand von

Hebräer 5 bereits gesehen haben, ist dies sowohl ein Merkmal des reifen Christen als auch ein Ziel für den Unmündigen.

Die Sicherheit im Heil

Von Beginn an ist es wichtig, einige grundlegende biblische Wahrheiten klarzustellen. Bedeutsam für den Jungbekehrten ist besonders die *Heilsgewissheit und -sicherheit*. Damit entzieht man dem Feind wesentlichen Grund und Boden für seine Angriffe auf den Neugeborenen.

Um die Wichtigkeit herauszustellen, dass »das Herz durch Gnade gefestigt« worden ist (Hebr 13,9), haben wir bereits in Abschnitt 4.1 einige Gedanken von C. H. Mackintosh angeführt. Die fehlende Sicherheit über die eigene *ewige* Errettung und unsere Stellung in Christus kann wirklich katastrophale Folgen haben. Dem müssen wir von Anfang an entgegentreten, bevor die Erfahrung der eigenen sündhaften Natur und all des eigenen Versagens furchtbare Zweifel aufkommen lassen. Dabei ist jedoch darauf zu achten, dass diese Heilsgewissheit nicht nur wissens- und verstandesmäßig vermittelt wird, sondern dass wirklich »*das Herz* durch Gnade gefestigt« wird. Letztendlich kann dies nur Gott selber bewirken, doch können wir darauf hinarbeiten, indem wir diese Gnade Gottes gegenüber all unserem Versagen betonen. Das hebt natürlich nicht die Notwendigkeit auf, ebenso deutlich auf konkrete Lebensveränderung hinzuwirken.

Hier müssen wir wieder unterscheiden zwischen der *juristischen* Gnade Gottes (auf Grundlage der vollständigen Sühnung und Vergebung unserer Sünden durch das

Erlösungswerk Christi), die wir ein für allemal durch Gläubigwerden annehmen, und der fortlaufenden *väterlichen* Gnade (in der täglichen Gemeinschaft mit Gott). Denn eigentlich erwartet jeder wirkliche Christ die praktische Verwirklichung von Christi Sieg über Sünde in seinem Leben. Aus der Sicht Gottes ist das ein wesentliches Ziel für das Leben jedes Gläubigen und so sollte es auch unser Ziel sein.

Das Bekennen von Sünde

Auf den Weg zum Überwinder und insbesondere auf mögliche Hilfestellungen hierzu werden wir in Abschnitt 4.3.3 genauer eingehen. Die praktische Belehrung über das *Bekenntnis von Sünden* vor Gott und die bewusste Inanspruchnahme der *Vergebung* (1Joh 1), geschieht ganz unabhängig davon. Realität ist, dass wir alle sündigen, so sehr wir uns auch lieber als Überwinder sehen möchten. Und gerade hier steht diese väterliche Beziehung zu Gott im Vordergrund. Die Bedeutung für den Jungbekehrten – wie auch jeden Gläubigen – liegt auf der Hand: Um in der Gemeinschaft mit Gott wachsen zu können, müssen die Hindernisse dieser Gemeinschaft durch Sündenbekenntnis ausgeräumt werden.

Bei diesen Gedanken müssen wir uns auch vor Augen führen, welches Glück es für uns ist, dass Gott uns auch ohne freiwilliges Bekenntnis nicht im Regen stehen lässt! Wie oft suchte er mich, wo ich meine Schuld lieber verdrängte. Aber ein liebender Vater handelt *immer* mit seinem Kind, weil er das Beste für dieses will. Er möchte auf jeden Fall Einsicht und Veränderung bewirken. Lebendige Lektionen durch Hebräer 12,4-11 erhielt ich zum einen durch meine Erfahrungen als Kind meines himmlischen Vaters, zum anderen aber besonders auch als Vater gegenüber meinem Sohn. Dies ist ein kleiner Anschauungsunterricht über den liebenden Charakter Gottes als Vater – freuen wir uns aber, dass wir seine Tiefe nicht annähernd ausloten können.

Das Gebet

Zu den wichtigsten Grundbedürfnissen eines Jungbekehrten gehört natürlich insbesondere das Gespräch mit Gott. Älteren Christen ist das persönliche Gebet – hoffentlich – völlig selbstverständlich. Doch für einen Jungbekehrten ist es völliges Neuland. Häufig muss er es geradezu »erlernen«. Zwar besteht die Beziehung zum Vater und zum Herrn Jesus einfach als Folge der Bekehrung, doch ein junger Gläubiger kann vor schier unüberwindbaren Problemen stehen, sich in eigenen Worten im Gebet auszudrücken. Soll er dann auch noch im Beisein anderer Glaubenden gemeinschaftlich beten, schnüren ihm womöglich Angst und Scham die Kehle zu. Aufgrund jahrelanger »Erfahrung« sind reifen Christen derartige Probleme fremd, aber ein Jungbekehrter weiß oft einfach nicht, wie er »richtig beten« kann!

Hier ist weniger gefragt, ihm den richtigen Wortlaut beizubringen (vgl. Röm 8,26), als vielmehr, ihm beim Überwinden der Hürden unter die Arme zu greifen und vor allem die Bedeutung des Gebetes – das »Warum und Wozu« – zu verdeutlichen. Das lässt sich auf keine andere Weise besser bewerkstelligen, als es selber vorzumachen und in einer persönlichen Beziehung zu fördern. Wiederum ist also das persönliche Vorbild und das persönliche Widmen das A und O.

Ein Zeugnis sein

Ein junger Christ sagte einmal unter vier Augen, ihm würden sich »die Zehennägel hochkrempeln«, wenn er nur daran denken würde, vor Ungläubigen Zeugnis von seinem Glauben abzulegen. Mit seinen Ängsten und Vorbehalten steht er unter seinesgleichen keineswegs allein da: Obwohl viele junge Gläubige von ihrem Eifer der »ersten Liebe« zu Christus zum aktiven Evangelisieren angetrieben sind, stehen viele andere dem Auftrag Jesu mit Zaudern und Zögern gegenüber. Die Ängste, die es hier zu überwinden gilt, haben meist damit zu tun, den Glauben in der Kraft des Heiligen Geistes zu bezeugen. Hier müssen wir unterscheiden zwischen Evangelisation und persönlichem Zeugnis: Evangelisation ist die aktive Ausübung einer Gabe, Zeuge sein der Auftrag für jeden Christen. Alle Gläubigen sind aufgefordert, jederzeit auf Nachfragen und Herausforderungen einzugehen (Kol 4,5.6; 1Petr 3,15), ob sie nun von interessierten oder ablehnenden Ungläubigen kommen. Der junge Gläubige muss nicht unbedingt wie ein gestandener Evangelist sein Gegenüber von Sünde überführen und persönlich treffend den Weg zum Heil aufzeigen können, aber er sollte im Stande sein, von seiner persönlichen Begegnung mit Jesus Christus zu berichten und von seiner Über*zeugung*, dass Gottes Wort die Autorität für sein Leben ist.

Um dem jungen Gläubigen dazu auf die Sprünge zu helfen, ist wiederum zweierlei nötig: Erstens das lehrmäßige Aufzeigen besonders dessen, *warum* Zeugnisgeben nötig ist; ferner auch, was der Inhalt des Evangeliums und eines Zeugnisses ist und wie man dies gemäß dem biblischen Vorbild macht. Zweitens muss dieses persönliche Bezeugen vorgemacht werden – ein Prinzip, das uns wiederholt begegnen wird –, wozu natürlich mit dem jungen Gläubigen Zeit verbracht werden muss. Gemeinsam sollte man Gelegenheiten suchen, bei denen man mit Ungläubigen ins Gespräch kommt, wie beispielsweise gemeinsame Hilfeleistung beim Umzug eines ungläubigen Kollegen. Auch wenn der Jungbekehrte in seiner ersten Liebe ohnehin darauf brennt, von seinem Erlöser zu erzählen, sollten wir dies fördern und ihm weitere Anleitung hinsichtlich des *Wie* und *Was* geben und außerdem nicht vergessen, ihn im gemeinsamen Gebet für angesprochene Personen zu ermutigen!

Die Gemeinschaft in der Gemeinde

Ein Schritt, der nicht selten schwierig ist und Geduld erfordert, ist die Integration des jungen Gläubigen in eine örtliche Gemeinde. Es wäre äußerst ungesund, wenn sich der Jungbekehrte nur an die eingeschränkten persönlichen Kontakte klammert, durch die er gläubig geworden ist, wie den einzelnen betreuenden Gläubigen oder einen Bibelkreis; noch ungesünder wäre natürlich, wenn er ein unabhängiges, individuelles Christsein für sich sucht. Wir können ihm die Wahl der Gemeinde jedoch nicht völlig allein überlassen, nach dem gängigen Motto »Das muss jeder selber wissen«. Schließlich überlässt man einem Kind auch nicht die Wahl der richtigen Schule und des richtigen Stundenplans usw. Es wäre unverantwortlich gegenüber einem jungen Gläubigen mit noch nicht ausgeprägtem geistlichen Unterscheidungsvermögen, ihm die Wahl der Gemeinde nach seinem Gutdünken zu überlassen. Allerdings haben Jungbekehrte dennoch manchmal das gesündere Gespür dafür, worauf es in der Gemeinde wirklich ankommt – und in unserer Betriebsblindheit tun wir gut daran, ihre Äußerung ernst zu nehmen. Jedenfalls ist in diesem Bereich sehr viel Feingefühl und Weisheit nötig, weil es letzten Endes doch keine aufgezwungene Entscheidung sein darf. Wie wichtig ist es da, dass wir selber einer biblisch gesunden Gemeinde angehören, um wirklich in Verantwortung gegenüber dem Herrn handeln zu können!

Der Jungbekehrte muss zu einem Verständnis von Gemeinde aus der Sicht Gottes geführt werden und die Verheißungen für die Gemeinde verstehen lernen. Gerade für »Kindlein« ist die Gemeinde mit der warmherzigen Gemeinschaft und dem breitgefächerten Spektrum an fürsorgenden Angeboten ein wichtiges »Zuhause«. Das ist nicht anders als bei dem natürlichen Kind, das bewiesenermaßen nicht nur Nahrung, sondern auch liebende Nestwärme braucht. In einer solchen Umgebung der innigen Gemeinschaft kann sowohl ein natürliches wie auch ein geistliches Kind reifen.

Die hier angeführten Punkte stellen eine solide »Checkliste« im Sinne von Mindestanforderungen dar. Im Einzelfall können sich darüber hinaus noch ganz andere Bedürfnisse zeigen. Wenn ein Gläubiger in der Betreuung eines Jungbekehrten um die Erfüllung jedes dieser Bedürfnisse besorgt ist, wird er damit das Fundament für ein gesundes Wachstum legen. Ziel dieses Wachstums- und Reifungsprozesses ist schließlich ein selbstständiges, verantwortliches und fruchtbringendes Leben mit dem Herrn und in der Gemeinde.

4.3.2 Der persönliche Kontakt

Neben der Gemeinschaft in der Gemeinde ist der *persönliche Kontakt* das wichtigste Mittel, um einem neugeborenen Christen die »erste Milch« zu geben und ihn im Glauben zu gründen und zu befestigen. Denn nur der persönliche Umgang mit ihm ist wirklich dazu geeignet, den anfänglichen Bedürfnissen nachzukommen, ihre individuelle Gewichtung zu erkennen sowie eine vertrauensvolle Beziehung aufzubauen. Eine solche Beziehung vermittelt nicht nur das Gefühl, dass sich jemand kümmert, sondern legt auch die Grundlage dafür, dass sich der Jungbekehrte traut, seine Probleme zu offenbaren. So kann er davor bewahrt werden, in ein gesetzliches Christsein mit äußeren Formen abzugleiten, das sich nur daran orientiert, was alle anderen dem äußeren Anschein nach tun.

Außerdem können wir auf diese Weise das geistliche Wachstum gut im Auge behalten und bei Bedarf an der richtigen Stelle reagieren, um effektive Hilfe zu geben, beispielsweise in Form von Erklärungen, gemeinsamem themenbezogenen Bibelstudium oder bewusstem Vorbild.

Ein sehr anschauliches Beispiel dafür ist Paulus, der im 1. Brief an die Thessalonicher beschreibt, wie er unter ihnen gelebt und gewirkt hat. Voller Freude und Dankbarkeit schreibt er von der Frucht seiner wahrscheinlich nur drei Wochen (!) dauernden Arbeit in Thessalonich (Apg 17,1-10): Schon bald wurden die Gläubigen dort zu *Nachahmern* von Paulus und seinen Gefährten sowie zu *Vorbildern* für viele Gläubige andernorts. Ihre Entschiedenheit für den Herrn, auch unter vielen Drangsalen, stellt er uns in 1. Thessalonicher 1,2-10 sehr eindrücklich vor.

Was waren nun seine Bemühungen während seiner Anwesenheit in Thessalonich? Die Antwort auf diese Frage muss sehr aufschlussreich sein, denn schließlich hat der Herr durch dieses und späteres Wirken von Paulus solch wunderbare Frucht hervorgebracht. Obwohl Paulus hier an eine ganze Versammlung schreibt, wird in diesem eher öffentlichen Brief (siehe 1 Thes 5,27) der sehr persönliche Charakter seiner Beziehung zu ihnen deutlich, was wir uns nun genauer anschauen wollen:

Das persönliche Gebet

Es fängt damit an, dass Paulus intensiv, in persönlicher Weise und spezifisch für sie betete (1 Thes 1,2.3). Die Bedeutung, die er diesem Gebet beimaß, und die damit ausgedrückte Nähe seines Herzens zu seinen »Kindlein« ist dieselbe, die auch in Epheser 3,14 und Kolosser 1,9.10 zum Ausdruck kommt. Für Paulus war es eine Gewohnheit, seine weit verstreuten Schützlinge durch anhaltendes Gebet zu begleiten. Gerade diese persönliche Fürbitte wird von uns häufig vernachlässigt, obwohl sie doch die stärkste Waffe ist, die wir zur Abwehr schlechter Einflüsse auf die von uns betreuten jungen Gläubigen haben –

und das gilt natürlich auch für ihren positiven Einsatz zum geistlichen Wachstum.

Es fällt uns häufig leichter, mit Menschen über Gott zu reden, als mit Gott über Menschen zu reden. Als der Chinamissionar O. J. Fraser erstaunt entdeckte, dass weit entfernte Christen besser wuchsen als solche, die er regelmäßig sah, machte er sich auf die Suche nach einer Erklärung. Der Herr zeigte ihm, dass er für die ersteren viel eifriger betete. Fraser kam daraufhin zu dem Schluss, dass es für Jüngerschaft vier grundlegende Dinge gibt: Gebet, Gebet, Gebet und das Wort Gottes. [3]

Die persönliche, elterliche Beziehung

Im 2. Kapitel des 1. Thessalonicherbriefes beschreibt Paulus nun seinen Umgang mit den Gläubigen während seines dortigen Aufenthalts: »... sondern wir sind in eurer Mitte zart gewesen, wie eine stillende Mutter ihre Kinder pflegt. So, in Liebe zu euch hingezogen, waren wir willig, euch nicht allein das Evangelium Gottes, sondern auch unser eigenes Leben mitzuteilen, weil ihr uns lieb geworden ward ... wie ihr ja wisst, dass wir euch, und zwar jeden Einzelnen von euch, wie ein Vater seine Kinder ermahnt und getröstet und beschworen haben, des Gottes würdig zu wandeln, der euch zu seinem Reich und seiner Herrlichkeit beruft« (1Thes 2,7.8.11.12).

Paulus scheut sich also keineswegs, seine Beziehung zu den jungen Gläubigen als die von Eltern zu ihren Kindern zu bezeichnen. Dabei vergleicht er einerseits seine Zuneigung und Pflege mit der einer Mutter, und andererseits die Ermahnungen und Tröstungen mit denen eines

Vaters. Bedeutsam ist in diesem Zusammenhang der Ausdruck *jeden Einzelnen von euch*. Paulus' individuelle Fürsorge ihnen gegenüber war also in der Tat sehr persönlich.

Solche elterlichen Beziehungen können nicht durch Predigten und gelegentliches Grüßen mit der Frage nach dem persönlichen Ergehen aufgebaut und gepflegt werden. Vielmehr sind sehr viele Investitionen nötig, vor allem zeitliche und gefühlsmäßige. Das erfordert Mühe und ein Aufschließen seiner eigenen Person. Es bedeutet auch echtes Interesse am Einzelnen, nicht nur den groben Blick auf die Herde als Ganzes.

Außerdem sprach Paulus mit ihnen nicht nur über das Evangelium, nicht nur über geistliche Themen und lehrmäßige Unterweisungen. Er teilte ihnen sein *eigenes Leben* mit! Er wurde ihnen durch seine Persönlichkeit und Lebensweise ein Vorbild. Nur so konnten sie wirklich seine Nachahmer und schließlich Vorbilder für andere werden. Gottes Absicht der Multiplikation findet hier regelrecht sein Musterbeispiel.

Das persönliche Protegieren

Mit »Protegieren« ist keineswegs die Integration in eine Vetternwirtschaft gemeint, sondern vielmehr, dass man seinen »Schützling« anderen Gläubigen vorstellt, Kontakte für ihn knüpft – besonders zu Christen, die ihm zusätzlich weiterhelfen können –, und dass man Menschen zu ihm schickt. Aus seiner Zuneigung zu den Thessalonichern schickte z. B. Paulus Timotheus zu ihnen (1Thes 3,1-5; vgl. auch Phil 2,22-24). Wenn wir diesem Beispiel folgen, entwickeln sich neue Beziehungen und hoffentlich anderweitige Freundschaften, die den Mentor selbst nach und nach nicht mehr unabkömmlich machen.

Eine weitere Seite des Protegierens ist das Erkennen und Fördern der geistlichen Potenziale im Jünger. Er sollte behutsam in Situationen geführt werden, in denen er seine Gaben im Dienst anfachen und entwickeln kann (2Tim 1,6). Das kann schrittweise und besonders gut unter Anleitung erfolgen, wenn der Lehrer den Schüler auf seinen Diensten mitnimmt wie z.B. auf evangelistische Aktionen, Jugendstunden, Hauskreise, Hausbesuche und Vorträge. Wenn man die Nützlichkeit solchen Anleitens vor Ort bedenkt – und zudem das biblische Vorbild durch den Herrn und Paulus hat –, fragt man sich, warum dies eigentlich nur so äußerst selten praktiziert und ausgekostet wird!

Das persönliche Kontaktieren

Paulus' Briefe an die Gemeinden enthielten gewiss ausführliche Ermunterungen und praktische Anweisungen, aber abgesehen davon hat sicherlich allein die Tatsache, *dass* er solche herzlichen Briefe schrieb, ihre Wirkung bei den Empfängern erzielt. Den Effekt solcher manchmal nur kurzen Botschaften kennen wir selber nur zu gut – die des Ausbleibens solcher jedoch auch! Wenn der Kontakt auf die Gemeindezusammenkünfte beschränkt bleibt, zeugt das von einem enormen Desinteresse aneinander. Dabei ist unser Interesse an jüngeren Gläubigen nicht nur zur Zeit der Bekehrung und unmittelbar danach gefragt; auch später noch sollten wir unser echtes Interesse durch Besuche, Post, Telefonate und gemeinsame Unternehmungen zeigen. Im heutigen Zeitalter der Kommunikation bereitet das wohl – im Gegensatz zu Paulus' Zeiten – weitaus weniger Probleme und Mühen.

Wir haben hier nur einige Elemente angesprochen, die Paulus' Umgang mit den Neubekehrten kennzeichneten. Überwinden wir unsere Scheu und Lethargie. Fangen wir entsprechend diesem Vorbild an, werden wir in Gottes Gnade lernen, geistliche Elternbeziehungen aufzubauen, um für das Wachstum der Jungbekehrten zu sorgen.

4.3.3 Der Weg zum Überwinder

Gerade in der ersten Zeit kurz nach ihrer Bekehrung erleben junge Christen zumeist eine in vielerlei Hinsicht kritische Phase. Ein wesentliches Ziel unserer intensiven Hilfe in dieser Zeit ist das Überwinden alter, sündhafter Lebensmuster. Denn da nun das Gewissen erst richtig erwacht, werden hier die Wurzeln für eine neue Prägung gelegt.

Die entscheidende Frage ist dabei, ob sich der neue Christ eine Mittelmäßigkeit aneignet und mit einem Zustand der Kompromisse zufrieden gibt oder ob er Gottes Absicht vom neuen Leben in Heiligkeit annimmt (1Petr 1,14-16). Gottes Wort lehrt dabei zwar nicht die praktische Realität einer vollkommen heiligen Lebensführung (1Joh 1,8-10), wohl aber, dass die von Ihm gegebene neue Natur und die geistlichen »Ressourcen« (der

Heilige Geist, das Wort Gottes, der Herr als Fürsprecher beim Vater) tatsächlich dazu ausreichen (Röm 6-8; 2Petr 1,3-4). »Ausreichen« ist dabei sogar weit untertrieben, denn Gott reicht die Fülle und mehr als genug dar, um Ihm wohlgefällig zu leben. Ziel unseres Denkens und Handelns sollte also die vollkommene Heiligkeit sein, wenngleich es dazu täglicher, oft schwerer Willensentscheidungen bedarf.

Die Entscheidung zählt

Diese Willensentscheidung lässt sich mit einer eindrücklichen Alltagserfahrung vergleichen: Wenn man zwecks Steigerung der Ausdauer und Fitness zu joggen anfängt, sträubt sich unser Gefühlsleben gegen das Weiterlaufen, sobald es unangenehm wird (zumindest mir ging es so). Nach einer gewissen Zeit meldet das Gehirn, dass es jetzt wirklich reicht. Das Verlangen, die »Quälerei« endlich zu beenden, wird immer größer. Man kommt sich vor, als stünde man am Ende, ohne jede verbleibende Kraftreserve. Doch das ist ein Trugschluss, eine reine Fehlinformation. Denn wenn man diesen toten Punkt überwindet, tun sich ganz neue Reserven auf, und hinterher ist man völlig überrascht, welche Leistung man schließlich noch geschafft hat.

Doch zu diesem »Sieg« ist eine *Willensentscheidung* nötig. Man ignoriert bewusst diese innere Stimme, das fast übermächtige körperliche Verlangen, endlich aufzuhören und sich für den Rest des Tages zu verschnaufen. Stattdessen hält man an dem »Glauben« fest, dass noch immer hinreichende Kraftreserven zur Verfügung stehen. Je häufiger man dies erlebt hat, desto leichter fällt diese Entscheidung.

Bei geistlichen Versuchungen gilt es nun in ganz ähnlicher Weise, nicht auf die innere Stimme zu hören, egal ob sie uns zu Trägheit oder eigensinniger Aktivität verleiten will. Vielmehr sollen wir an dem Glauben festhalten, dass Gottes Verheißungen wahr sind und Christus in uns jede Versuchung überwinden kann.

Es ist unsere Willensentscheidung, das Leben im Heiligen Geist in uns wirksam werden zu lassen. Gott manipuliert nicht unseren Willen, sondern überlässt uns die Entscheidung. Was sich dann am Ende unserer Kraft auftut, sind zwar nicht etwaige verborgene Kraftreserven unsererseits, aber eine ungeahnte Macht, mit der *Gott* uns alles gibt, was wir zum Überwinden brauchen.

Mögliche Hilfestellungen

Wie kann ich nun einem jungen Gläubigen wirksam helfen, ein Überwinder durch Gottes Kraft zu werden und nicht in lähmender Mittelmäßigkeit stecken zu bleiben?

Das ist von Anfang an eine Aufgabe, die unseren ganzen Einsatz erfordert (Kol 1,28.29). Paulus schreibt, dass er »kämpfend ringt« gemäß Seiner Wirksamkeit, um Menschen »vollkommen in Christus darzustellen«. Dieser Kampf besteht an erster Stelle sicherlich aus fürbittendem Gebet. Wichtig und unbedingt zu überprüfen ist unsere eigene Einstellung, ob sich nicht eine Spur von Gleichgültigkeit einschleicht.

Der zweite wichtige Bereich der Hilfe baut auf *persönlichen Kontakt* und *intensive Aufmerksamkei* (Kapitel 4.3.2): Damit legt man den Grundstein, um die Probleme und Bedürfnisse des Jungbekehrten überhaupt erst zu erkennen und zu verstehen und dann jede weitere Hilfe gezielt einzusetzen. Unsere Hilfestellung in Form von Gesprächen und vorbildlichem Verhalten wird in der Regel erst dann fruchten, wenn sie einer solchen vertrauensvollen Beziehung entspringt.

Darüber hinaus ist es bedeutsam, Überzeugungen (»dieses Verhalten *ist* Sünde«) zu fördern und Motivation zum Überwinden der Sünde sowie Zielvorstellungen (der Weg Gottes) anzuregen. Das ist meistens ein geistlicher Prozess, in dem Gott selbst zum Herzen des Jüngers redet (wie bei den Emmaus-Jüngern in Lk 24,32), er uns aber als Lehrer dazu gebrauchen kann, um durch uns zu reden. Nur auf einem so entstandenen Fundament ist von der Entscheidung des Jungbekehrten gegen die alte Sünde eine Frucht zu erwarten.

Gerade in diesem Bereich müssen wir einprägsame Vorbilder sein (1Thes 1,6; 1Kor 11,1). Zum einen bestätigen wir hierdurch, dass Gottes Gedanken zur Heiligkeit wichtig sind – auch für uns ganz persönlich und konkret –, zum anderen gewinnen unsere Unterweisungen erst durch solches Vorbildverhalten Gewicht. Darüber hinaus wird es dem jungen Gläubigen leichter fallen, Glaubensentscheidungen zu treffen und danach zu handeln, wenn er erlebt, dass Gott im Vertrauen auf Ihn die Kraft zum Überwinden schenkt.

An dieser Stelle kommt die nächste Seite unserer Hilfestellung zum Einsatz: dem jungen Christen das Leben im Geist, das Auferstehungsleben Jesu in der Kraft Gottes zu erklären (Röm 8,1.2; 12,1.2; Gal 5,16-25). Das Verständnis dieses Lebens im Geist, unser Vorbild darin und seine ersten eigenen Erfahrungen werden den Jungbekehrten motivieren, sich gegen die Sünde und für den gottgeschenkten Sieg darüber zu entscheiden. Dabei wird uns Gottes Wort über das nötige kopfmäßige Verständnis hinaus auch moralisch erheblich ermutigen. Gottes Verheißungen sind es, die den jungen Christen zum Handeln bringen, wenn er nur an sie glaubt.

Wo mit alten, sündhaften Lebensmustern gebrochen wird, kann natürlich kein Vakuum zurückbleiben. An die Stelle einst vergeudeter Gedanken und Taten treten jetzt positive Überlegungen und Werke. Paulus schreibt: »Übrigens, Brüder, alles, was wahr, alles, was ehrbar, alles, was gerecht, alles, was rein, alles, was liebenswert, alles, was wohllautend ist, wenn es irgendeine Tugend und wenn es irgendein Lob gibt, das *erwägt*! Was ihr auch gelernt und empfangen und gehört und an mir gesehen habt, das *tut*! Und der Gott des Friedens wird mit euch sein« (Phil 4,8.9).

Anders ausgedrückt: Die alten Gefäße sind jetzt endlich leer und gereinigt und können nun vom Herrn gebraucht werden. Wie die durchlässigen Reben am Weinstock nicht anderes tun, als nur den Saft zum Fruchtaufbau durchzuleiten, so kann Gott nun durch den jungen Gläubigen wirken (Joh 15,4.5).

Das ist allerdings nicht nur eine Folge der persönlichen Heiligung, sondern auch ein von Gott auserkorenes Mittel auf dem Weg zum Überwinder: »... stellet auch nicht eure Glieder der Sünde dar zu Werkzeugen der Ungerechtigkeit, sondern stellet euch selbst Gott dar als Lebende aus den Toten und eure Glieder Gott zu Werkzeugen der Gerechtigkeit« (Röm 6,13).

Wie die oben zitierten Verse Philipper 4,8.9 besagen, haben wir die Wahl, worauf wir unsere Gedanken richten: auf die Versuchung oder auf das Gute. Gleiches gilt für die Entscheidung über unser Handeln: die Sünde, das Eigensinnige oder aber das Gute. Wenn es nicht unsere freie Entscheidung wäre, würde Gott uns wohl kaum in seinem Wort zur richtigen Wahl aufrufen. Wir haben aber keine Entschuldigung: Wenn wir uns Gott zur Verfügung stellen (»darstellen«) und uns Ihm ausliefern, wie Römer 12,1 uns auffordert, dann wird Er in uns und durch uns das Gute bewirken!

4.3.4 Die Stille Zeit

Wir haben im Verlauf dieses Buches bereits angesprochen, wie wichtig und unentbehrlich die regelmäßige *Stille Zeit* ist. Die persönliche Stille mit Gott im Gebet und Bibellesen ist eine Grundlage unserer Gemeinschaft mit unserem Herrn und deshalb auch die Grundlage eines gesunden geistlichen Wachstums. Dies gilt natürlich nicht nur für das Anfangsstadium eines Lebens als Christ, sondern in gleicher Weise für jeden Gläubigen und sollte daher selbstverständlich sein.

Bei der Bewerbung um die Aufnahme in ein Jüngerschaftspraktikum musste ich einmal überraschend und zu meiner Beschämung feststellen, dass allein eine fehlende Kontinuität der Stillen Zeit ein Grund zur Ablehnung war. Traurigerweise wurde mir erst in diesem Augenblick deutlich, welchen Stellenwert diese tägliche Gewohnheit für ein Kind Gottes hat. Die *Stille Zeit* ist ein absolutes Muss!

Genau hier müssen wir bei der Anleitung eines Jungbekehrten zur *Stillen Zeit* beginnen: ihm verständlich machen, dass sie geistlich geradezu lebensnotwendig ist. Es ist die Zeit, in der wir persönlich in die Gegenwart Gottes kommen, Sein Wort zu uns reden lassen und im Gebet mit Ihm im Gespräch sind. Hier haben wir Gemeinschaft, erhalten Ermunterung und gegebenenfalls nötige Korrektur sowie Weisung für den Tag. Im letzteren Sinn können wir es mit der alles regelnden Dienstbesprechung am Beginn eines Arbeitstages vergleichen, wo wir Instruktionen und Vorbereitungen für einen kurzen oder auch längeren Abschnitt unseres Weges erhalten.

Dies kann man aber nicht mit bloßen Worten vermitteln. Nachdem ich einmal mit einem jungen Bruder ernsthaft über seine *Stille Zeit* geredet hatte, bemühte er sich tatsächlich und las täglich mehrere Kapitel in der Bibel. Auf die Frage, was er denn daraus *für sich persönlich* zur Umsetzung in seinem Leben erfahren habe, konnte er keine befriedigende Antwort geben. Mir wurde klar, dass er nicht verstanden und *ich* somit versagt hatte. Die Fähigkeit, aus der Stillen Zeit tatsächlichen, praktischen Gewinn zu ziehen, kommt keineswegs von allein. Dazu ist ein Anleiten in Form einer mehrmaligen *gemeinsamen* Stillen Zeit nötig.

Bei einem solchen Treffen ist es ratsam, dass man laut zusammen betet. So werden Gedanken besser geordnet und man kann zusammen im Gebet für bestimmte Anliegen eintreten. Erst dann lernt man die Gedanken des Schützlings richtig kennen und kann ihm wirkliche Hilfestellungen bieten, damit er das Wort Gottes im praktischen Leben gezielt anwenden kann. So werden biblische Prinzipien lebensnah. Hilfreich ist es, wenn der Lehrer dabei wiederum von seinen eigenen Erfahrungen und Anwendungen berichtet, um somit diesen Übergang von Beobachtungen im Wort Gottes auf die Umsetzung im eigenen Leben zu veranschaulichen und immer wieder Mut dazu zu machen.

So wird der Jungbekehrte dahin geführt, sich eigenständig von Gottes Wort zu »ernähren«. Ziel ist hier also wiederum nicht, bloße Aktivitäten wie Bibellesen zu vermitteln (auch wenn dies der erste Schritt ist), sondern auch etwas vom eigenen geistlichen Leben mitzuteilen, das als Vorbild dienen sollte.

Die folgende Liste führt in knapper Form einige praktische Schritte auf, um einen jungen Gläubigen in die Gewohnheit einer täglichen Gemeinschaft mit Gott zu führen:

- Erkläre, warum du selbst täglich eine Stille Zeit mit Gott verbringst.
- Berichte von den Segnungen und der Gemeinschaft, die du in der Stillen Zeit erfahren hast. Zeige auf, welche persönlichen Lektionen du dadurch gelernt hast und wo und wie die Stille Zeit zu Lebensveränderungen geführt hat.
- Gib Anregungen, beispielsweise in Form eines Andachtsbuchs oder einer Bibellesehilfe.
- Führe mehrmals die Stille Zeit mit dem Jungbekehrten zusammen durch. Treffe dich mit ihm möglichst frühmorgens (notfalls zu einer anderen Tageszeit), um gemeinsam Zeit mit Gott zu verbringen.
- Ermutige ihn häufig, diese Gewohnheit selbstständig zu wiederholen. Frage ihn nach seinen Fortschritten.

- Führe ihn mit anderen Gläubigen zusammen, die täglich Gemeinschaft mit Gott pflegen. Austausch in einer Gruppe kann sehr motivierend wirken.
- Bete für ihn!

4.3.5 Das Studium und die Verinnerlichung von Gottes Wort

Denken wir an Bibelstudium im Sinne einer Beschäftigung mit Gottes Wort, so ist uns zunächst wahrscheinlich kein größerer Unterschied zur *Stillen Zeit* bewusst. Der Übergang ist in der Tat fließend: Einerseits ist es sehr wohl sinnvoll, in der *Stillen Zeit* auch biblische Erkenntnis zu gewinnen; andererseits suchen wir durchaus auch im *Studium* des Wortes praktische Anwendung für unser Leben und Gemeinschaft im Dialog mit Gott. Allerdings ist der Schwerpunkt des Bibelstudiums – im Gegensatz zur Stillen Zeit – ein anderer: Ziel des Studiums ist es, sowohl biblische Gedanken in ihrem Zusammenhang als auch einzelne Textpassagen zu verstehen. Dabei ist ein *systematisches* Vorgehen äußerst sinnvoll und auch die Unterstützung durch begleitende Literatur und Nachschlagewerke ist hilfreich. Auf diese Weise wird ein zunächst wissensmäßiges Fundament geschaffen, auf das sich dann jedoch unser Herz und Tun gründet. Fortlaufendes Durcharbeiten von ganzen Bibelbüchern sowie thematisches Studium, beispielsweise der Themen Taufe, Gemeinde, Brotbrechen, Mission, Heiligkeit etc., werden somit zu einem Grundstock, von dem der Christ sein ganzes Leben lang zehren wird. Da das Wachstum in der Gnade und Erkenntnis jedoch unbegrenzt möglich ist, erstrebt der gesunde Christ natürlich einen stetigen, lebenslangen Aufbau auf diese Grundlage.

Auf Details für die praktische Durchführung eines Bibelstudiums wollen wir hier nicht eingehen, denn dazu gibt es bereits hinreichend hilfreiche Literatur. Außerdem haben Christen jeweils ihre eigenen Vorlieben, wie sie sich mit Gottes Wort beschäftigen, die natürlich langfristig ganz unterschiedliche Züge tragen können. Wichtig ist nur, dass diese Vor-*lieben* wirklich vorhanden sind und ausgeübt werden, also dass der junge Christ erkennbare Liebe zu Gottes Wort hat und er der Beschäftigung mit der Bibel die angemessen hohe Priorität in seinem Leben gibt. Die Aufgabe des betreuenden Christen ist dabei, diese Vorlieben und deren Ausübung im Schüler zu wecken und ihm einige nützliche Fertigkeiten für das Studium beizubringen. Der Grundsatz ist hier also ein weiteres Mal das sichtbare *Vorbild* für den Schüler und die anschließende *Anleitung* in gemeinsamem Studium. Der Schüler soll mit eigenen Augen sehen, dass wir hingegeben, motiviert und mithilfe aller verfügbaren Mittel die Bibel studieren, und er soll in den Genuss kommen, dass wir ihn dabei an die Hand nehmen und in die »Geheimnisse« des systematischen Verstehens der Bibel einführen. Auf diese Weise kann Schritt für Schritt eine Gewohnheit etabliert werden, die sich wirklich auszahlt und zudem Freude macht. Denn immer wieder stößt man auf »Neuland« und erobert dieses gedanklich und geistlich wie ein Forscher die weißen Flecken einer Landkarte. Was dabei zählt, ist nicht so sehr die Entdeckung, sondern die Schönheit des Entdeckten.

Genau wie die Schönheit der Schöpfung im Großen wie im Kleinen zu bestaunen ist, im Sternenhimmel und dem Ausblick auf ein Bergmassiv ebenso wie in den Feinheiten eines Schmetterlingflügels und der mikroskopischen Raffinesse eines Schneekristalls, so können wir auch die Schönheit und tiefe Bedeutung des Wortes Gottes sowohl in großen Zusammenhängen entdecken (die Heilsratschlüsse Gottes, die Entwicklung der Heilsgeschichte, die Botschaft und Einheitlichkeit jedes einzelnen Bibelbuchs usw.) als auch in jedem einzelnen Satz und Wort bestaunen. Wer die Bibel studieren und praktizieren möchte, steht vor der Herausforderung, einerseits Gottes große Gedankenzüge und Prinzipien zu begreifen und andererseits das Wort Gottes in seiner unausschöpflichen Tiefe kennen zu lernen – und geradezu zu verinnerlichen.

Wenn das Kennen und Studieren der Bibel die Grundlage für das praktische Leben als Christ ist, liegt es auf der Hand, dass das Wort Gottes buchstäblich verinnerlicht, d. h. zum Teil verweise auswendig gelernt werden sollte. Wem diese Vorstellung mühsam erscheint, steht mit diesem dankend ablehnenden Gefühl sicherlich nicht alleine da. Nur die allerwenigsten Menschen sind von Natur aus mit der »Gabe des Auswendiglernens« begnadet. Und wenn wir andere, bereits geübte Jünger sehen, die nach kurzer Zeit bereits ganze Passagen rezitieren können, während man selber an einem einzigen Satz kleben bleibt, sollte das für uns weder ein Anlass zur Frustration noch ein Grund zur Entschuldigung sein – denn diese Mühe ist nicht nur lohnend, sondern geradezu unentbehrlich! Wie der Herr Jesus selbst das Wort Gottes parat hatte und Anfechtungen damit abwehrte (Mt 4; Lk 4), so brauchen auch wir in den unausweichlichen Krisen-situationen das Schwert des Geistes (Hebr 2,18; 4,15.16; Joh 8,31). Dann ist es gut, den Wortlaut beispielsweise einer Verheißung Gottes augenblicklich vor Augen zu haben. Sein Wort bewahrt uns vor Sünde (Ps 119,9.11) und schenkt uns Führung nach Gottes Willen (Ps 119,105.130). Doch wie oft braucht ein Jünger des Herrn gerade dann das Wort Gottes, wenn es ihm nicht möglich ist, seine Bibel nach dem nötigen Wort zu durch-suchen.

Eine anderer, nicht minder wichtiger und überzeugen-der Grund für das Auswendiglernen ist, dass nur im Wort Gottes die Kraft und Autorität liegt, um Ungläu-bigen Zeugnis von Gottes Botschaft an sie zu geben (Hebr 4,12). »Seid aber jederzeit bereit zur Verantwor-tung jedem gegenüber, der Rechenschaft von euch über die Hoffnung in euch fordert« (1Petr 3,15). Ist dieser Vers etwa nur dahingehend zu verstehen, dass wir überhaupt bereit sein sollen, den Mund aufzutun? Warum sind wir nicht – wie dieser Vers uns auffordert – vorbereitet im Blick auf das, was wir sagen werden – und zwar mit Gottes eigenen Worten? Wir sollen wissen – d. h. im Kopf haben –, wie wir jedem Herausforderer antworten sollen (Kol 4,6).

Beim Auswendiglernen kann jeder seine eigene Me-thode haben; deshalb beschränken wir uns hier auf einen grundsätzlichen Rat: Es ist dienlich, zunächst die eigene Haltung gegenüber dem Vorhaben zu überprüfen. Außerdem sollte nicht nur der einzelne Abschnitt, son-dern auch der umgebende Textzusammenhang gelesen und verstanden werden. Ferner verhilft das Nachschlagen weiterer Parallelstellen mit ähnlichen oder erklärenden Aussagen zum richtigen Verständnis. Der gelernte Abschnitt muss regelmäßig wiederholt werden. Laut der sogenannten »Vergessenskurve« ist erfahrungsgemäß folgende Faustformel hilfreich, um das Gelernte in unseren »Langzeitspeicher« abzulegen: Wiederholungen sind nötig nach sieben Stunden, sieben Tagen, sieben Wochen, sieben Monaten und sieben Jahren. Und auch hier gilt: Am besten arbeitet man mit einem Partner zusammen! Das bedeutet auch, dass man sich jemandem gegenüber in diesem Vorhaben verantwortlich macht.

Ein Rückblick aus persönlicher Erfahrung

Erst nach Jahren wurde mir die große Bedeutung der hier aufgezeigten »ersten Schritte« und des »Hineinstupsens« in den praktischen Dienst und ins Zeugnisgeben auch in meinem eigenen Leben vollends bewusst. Bald nach meiner Bekehrung führte mich der Herr in eine jung entstandene Gemeinde, wo ich mich sehr schnell »zu Hause« fühlte. Besonders die vielen sonntäglichen Einladungen in die Familien förderten eine innige Gemeinschaft. Doch leider waren wir dann meistens eine größere Gruppe, was die ganz persönlichen Gespräche über geistliche Dinge letztlich verhinderte.

Nach einiger Zeit kam Wolfgang auf mich zu und lud mich mehrmals zu sich ein. Wir frühstückten zusammen, trafen uns in der Studenten-Mensa und er begann, von den Erfahrungen aus seiner Gemeinschaft mit dem Herrn zu erzählen. So tauschten wir uns mehr und mehr über geistliche Themen aus. Bereitwillig beantwortete er mir alle meine bohrenden Fragen. Dann wurde er krank, was bei ihm leider häufig der Fall war. Da diese Situation es einfach nahe liegend machte, konnte ich nun zum ersten Mal echte Freude daran gewinnen, in einem fremden Haushalt mitzuarbeiten – vor meiner Bekehrung undenkbar. Im Gegenzug versorgte Wolfgang mich mit wertvoller geistlicher Nahrung. Als er wieder auf den Beinen war, forderte er mich auf, doch einmal mit ihm Einladungszettel zu evangelistischen Vorträgen auf den Mensa-Tischen auszulegen. Keine »Gefahr« sehend, willigte ich gerne ein. Kurz darauf fragte er mich, ob ich nicht mal mit zum Büchertisch in die Fußgängerzone kommen wollte. Ich zögerte mit meiner Einwilligung einen Augenblick länger, denn bisher hatte ich mir die Leute, denen ich Zeugnis über meine Bekehrung gab, lieber selber ausgesucht. Es folgten »Einladungen« zum Traktate-Verteilen, zu Hausbesuchen und schließlich zu einem Einsatz, bei dem wir zur Weihnachtszeit evangelistische Kalender vor der Hauptmensa anbieten wollten. Nach kurzem Schlucken und der Verbannung des Gedankens, bei dieser Gelegenheit wahrscheinlich eine Menge Fragen vieler Bekannter und Dozenten beantworten zu müssen, half er mir auch über diese Hürde hinweg.

Vermutlich war Wolfgang sich nicht genau darüber im Klaren, was er für mein geistliches Wachstum als »geistliches Kleinkind« tat. Sein Anliegen war es, wie er selber sagte, einen »Mitstreiter« zu haben. Wie dem auch sei, mit ihm stellte mir jedenfalls der Herr die wahrscheinlich wichtigste Person in der Zeit nach meiner Bekehrung zur Seite! Angeleitet durch ihn bekam ich erste Nahrung, wie

Milch, und lernte mit unsicheren Schritten den geistlichen Lauf wie ein junges Fohlen.

Doch was spricht dagegen, aus unserem Anliegen für junge Gläubige heraus auch bewusst und gezielt praktische Hilfestellung zu geben – und das nach biblischem Muster und Auftrag? Es spricht nicht nur nichts dagegen, sondern es ist ein Befehl des Herrn, die Lämmer zu weiden! Wem haben wir die Kindermilch eingeflößt und das geistliche Laufen beigebracht?

4.4 Die Ausbildung der Jünglinge – die Jüngerschaft

4.4.1 Das Konzept der Jüngerschaft

Bereits die oben aufgeführten Schritte in der »Erziehung von geistlichen Kleinkindern« erfordert ein sehr individuelles Eingehen auf den Schüler. Doch liegt diesen Grundelementen eindeutig eine gewisse Systematik zu Grunde. Zu jedem einzelnen dieser grundlegenden Themen steht reichlich Literatur zur Verfügung (zu einer Auswahl siehe Literaturverzeichnis). Solche Programme erfahrener Autoren und Lehrer bieten einen äußerst hilfreichen Leitfaden.

Ganz anders sieht es da bei der Ausbildung der »Jünglinge« aus. Sicherlich gibt es auch dazu Unterrichtsmaterialien, doch gilt hier noch viel mehr: Jüngerschaften sind maßgeschneidert und leben notwendigerweise in den Beziehungen zwischen Schülern und Lehrern. Man kann zwar gewiss je nach Erfordernis schriftliches Lehrmaterial benutzen, allerdings wird es den gedachten Erfolg erst dann haben, wenn Wesen und Zweck der »echten« Jüngerschaft zwischen »Jünglingen« und Lehrern richtig verstanden werden. Daher verdeutlichen wir uns zunächst noch einmal das Konzept der Jüngerschaft, wie es in Abbildung 3 in den einzelnen Schritten veranschaulicht ist.

Vor dem Knüpfen der Beziehung steht natürlich die Wahl treuer Gläubiger, die tüchtig sein werden, wiederum andere zu lehren (2. Tim 2,2). Das ist ein kritischer Punkt, da er schon deshalb bedeutungsvoll ist, weil es um erhebliche Zeitinvestitionen geht. Auf diesen Schritt werden wir in Kapitel 5.2 ausführlich eingehen.

Der daran anschließende zweite Schritt ist die eigentliche Grundlegung der Beziehung, indem in den Schüler das eigene Leben investiert wird. Dieser hat zunächst noch nichts mit der Vermittlung von Fertigkeiten zu tun, sondern vielmehr mit dem Mitteilen geistlicher Wahrheiten von Leben zu Leben (1 Thes 2,8). Im Vordergrund steht also die Basis unseres geistlichen Lebens: die eigene Beziehung zu unserem Herrn, die wir dem Schüler anhand von Gottes Wort und unseren zurückliegenden und aktuellen Erfahrungen mitteilen.

Darauf kann schließlich die Belehrung und Anleitung durch das eigene Vorbild in allen wesentlichen Bereichen des Glaubenslebens erfolgen: Gebetsleben, Stille Zeit, Heiligkeit, Nachfolge, Hingabe, Zeugnis usw. Wenn wir auch vermuten, dass diese Bereiche beim Jünger bereits vorhanden sind, sollten wir sie Punkt für Punkt mit ihm durchsprechen und überprüfen (zu einer »Checkliste« siehe Anhang).

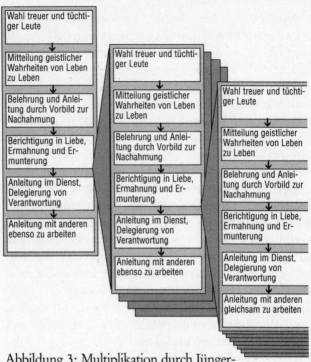

Abbildung 3: Multiplikation durch Jüngerschaft

Der vierte Schritt ist der schwierigste und für uns selber der unangenehmste: die Wahrheit in Liebe reden, d. h. die Wahrheit über das Leben unseres Schülers. Dazu gehört unumgänglich, ihn mit seinen Schwächen, Defiziten und Unzulänglichkeiten zu konfrontieren. Hier sind unsererseits konkrete Vorschläge zur Verbesserung nötig, unsere Ermutigung und richtungweisende Hilfe ist gefragt. Bloße Kritik ohne solche konkrete Anleitung ist nicht konstruktiv!

Neben diesen Bereichen des persönlichen Glaubenslebens möchten wir den Jünger insbesondere für einen künftigen Dienst ausrüsten. Wie geht das vonstatten? Durch Mit-hinein-Nehmen und Anleiten vor Ort in die Arbeit des Herrn, *gemeinsam mit uns*, also wiederum nach Vorbild! Die Entwicklung des Jüngers müssen wir dabei sorgfältig begleiten und immer wieder korrigieren. Nach und nach können wir ihm dann Verantwortung übertragen und somit Aufgaben an ihn delegieren.

Zuletzt stehen wir vor der Herausforderung, sie dazu anzuleiten, mit anderen jungen Gläubigen in gleicher Weise zu arbeiten und so *Multiplikation* zu praktizieren. In der ersten Zeit werden wir ihre Fortschritte darin im Auge behalten müssen. Doch auch hier ist ein Reifen die normale Entwicklung, und wenn die Jünger mit der Festigung von Jungbekehrten beginnen, jenen »ersten Schritten«, werden sie bald auch im umfassenderen Sinn »Jünger machen«, wie der Herr es aufgetragen hat, die selber wieder zu Multiplikatoren werden.

Mit diesem letzten Schritt schließt sich also der Zyklus, und damit kann sowohl vom Lehrer als auch vom Schüler her (der nun selber Lehrer ist) mit neuen Jüngern begonnen werden. So haben wir eine echte Multiplikation in Gang gesetzt, indem wir für ein fortlaufendes Duplizieren dieses Vorgehens gesorgt haben.

Die angeführte Reihenfolge der einzelnen Schritte ist tatsächlich eine zeitliche Aufeinanderfolge. Allerdings ist damit nur die zeitliche Abfolge der *Schwerpunkte* der Ausbildung gemeint. Viele der Schritte können mehr oder weniger parallel ablaufen. Der Schüler kann von Anfang an zu bestimmten Diensten, beispielsweise Hausbesuchen, mitgenommen werden. Das Lernen durch Vorbild beginnt damit möglichst früh und zudem wird ihnen das Wirken Gottes vor Augen geführt, was ein nicht zu unterschätzendes motivierendes Erlebnis ist. In der Anfangsphase ist es jedoch üblich, dass dieses Hineinnehmen in die Praxis eher eine begleitende Nebensache ist. Später rücken diese »Einsätze« dann immer mehr in den Vordergrund, bis schließlich der Schüler die aktive Rolle übernehmen kann, indem er z. B. selbstständig das Gespräch bei einem Hausbesuch führt.

4.4.2 Die elterliche Beziehung zu den Jüngern

In Abschnitt 4.3.2 sind wir bereits im Zusammenhang der »ersten Schritte« mit Jungbekehrten auf den persönlichen Kontakt eingegangen. Diese persönliche Beziehung ist schon für die Erstbetreuung das Nonplusultra, doch für die Anleitung der Jünger ist sie ein noch wesentlicherer und absolut ausschlaggebender Faktor. In einer Jüngerschaft ist es nicht angebracht, lediglich von einem persönlichen Kontakt zu sprechen, sondern vielmehr von einer elterlichen Beziehung. Das führt uns zu dem Merksatz: *Es gibt keine echte Jüngerschaft, die nicht von einer elterlichen Beziehung getragen wird!*
Wie eine solche elterliche Beziehung aussieht, schildert uns Gott in 1. Thessalonicher 2,7-12 in lebhaften Farben. Dort stellt er uns sieben Leitgedanken vor, die in Herz und Praxis des Lehrers tief verwurzelt sein sollten:

Zärtliches Pflegen

Paulus schreibt, dass er und seine Mitarbeiter in Thessalonich »in ihrer Mitte zart gewesen sind, wie eine nährende Frau ihre eigenen Kinder pflegt« (V. 7). Neben der geistlichen Nahrung ist es also wichtig, dass wir auf diese Art der Fürsorge achten. Dazu gehört nicht nur eine ausgeprägte Sensibilität für das Wohl des anderen, sondern auch der Mut, diese Fürsorge in Worte und liebevolles Verhalten zu verpacken. Insbesondere Männer tun sich damit oft schwer. Mir gegenüber geäußerte rein brüderliche »Liebkosungen« erschienen mir zuerst oft eher peinlich, aber im Nachhinein absolut ehrlich und tief verbindend.

Sehnliches Verlangen

Paulus und Co. waren »in Liebe zu (den Thessalonichern) hingezogen« (V. 8). Auch hier gilt es nicht nur, unsere Einstellung zu überprüfen, sondern dem Schüler unmissverständlich zu vermitteln, dass er mit allen seinen Anliegen stets willkommen ist. Das Herzensanliegen des Lehrers gilt nicht so sehr der Sache, einen Jünger zu machen, sondern gilt eben diesem Jünger selbst! Womöglich sind wir über unseren Auftrag, Jünger zu machen und Frucht zu multiplizieren, derart begeistert, dass unser Herz an dieser Methodik hängt. Doch der Erfolg wird nur ein eingeschränkter sein, wenn wir nur das Potenzial in unserem Jünger sehen, anstatt seinen »Wert« in den Augen Gottes. Es ist die Person selbst, die für Gott wertvoll ist und die Er liebt.

Das eigene Leben mitteilen

Die apostolische Gesandtschaft hat den Thessalonichern »nicht allein das Evangelium Gottes, sondern auch (ihr) eigenes Leben mitgeteilt« (V. 8). Sie hatten eine aufopferungsvolle Liebe zu ihren Schützlingen. »Das Leben mitteilen« heißt tatsächlich, uneingeschränkt Anteil am eigenen Leben zu geben. Das umfasst nicht nur ein offenes, transparentes Verhältnis zueinander, sondern wirkliche Aufopferung der eigenen Ressourcen wie Zeit, Kraft und materiellen Besitz. Vielleicht waren es die Frauen, die ihre Häuser zu täglicher Gastfreundschaft öffneten und in familiärer Atmosphäre selbstlos den Bedürfnissen anderer dienten, die hierin Gott am meisten verherrlicht haben. Es ist nichts anderes als die Lehre Jesu, dass seine Jünger allem entsagen müssen, was sie haben (Lk 14,33), und dass der Weg zu einem fruchtreichen Leben (Multiplikation) nur über den eigenen »Tod«, das Aufgeben und Investieren des eigenen Lebens, führt (Lk 9,24). Wie weit sind wir von dieser einzig biblischen Art der Nachfolge entfernt, wenn wir Evangelisation als bloßes Weitergeben von Information verstehen!

Lieb geworden

Der Grund für dieses aufopfernde Verhalten: »Weil ihr uns lieb geworden ward« (V. 8). Ohne tiefe Zuneigung zu unserem Schüler ist all unser Bestreben fragwürdig und letztlich leer (1Kor 13,1-3).

Ermahnen

Paulus hat in Thessalonich »jeden Einzelnen ... ermahnt« (V. 11-12). Es war eine ganz persönliche Zuwendung. Im Gegensatz zu unserem heutigen Wortgebrauch beinhaltet das griechische Wort für »ermahnen« in positiver Weise ein Zu-etwas-Aufrufen oder eine Ermunterung, also nicht das Verbieten negativen Verhaltens, sondern die Aufforderung zu Positivem, wie man z. B. Kinder bisweilen zu ihren Hausaufgaben ermahnen muss.

Trösten

Außer, dass er ermahnt hat, hat Paulus auch jeden einzelnen Gläubigen in Thessalonich »getröstet« (V. 12). Wenn es unsere Absicht ist, eine Beziehung als geistliche Eltern zu pflegen, dann fällt es uns auch leichter, wirklichen Trost zuzusprechen. Das erfordert jedoch eine gewisse Sensibilität für diese Bereiche oder eine beziehungsmäßige Grundlage, auf welcher der Schüler sich uns öffnet und gerade bei uns Trost sucht.

Bezeugen

Schließlich hat Paulus die Thessalonicher »beschworen, ... Gottes würdig zu wandeln ...« (V. 12). Erst im Rahmen einer solchen Beziehung, in die wir unser eigenes, persönliches Leben investieren, können wir wirklich bezeugen, wie der tägliche Lebenswandel unter der Gnade unserem Gott entspricht und gefällt.

Nach diesem Vorbild des Paulus können wir nun die Beziehung aufbauen und pflegen, indem wir unserem »geistlichen Kind« wertvolle persönliche Zeit widmen (Abschnitt 4.4.3). Darüber hinaus können wir einiges aus den folgenden Analogien zu natürlichen Elternbeziehungen lernen:

- Wie ein leibliches Kind, so muss man auch sein »geistliches Kind« verantwortungsvoll ernähren. Bei einem natürlichen Kind machen wir uns Gedanken über abwechslungsreiche Kost und deren Nährstoffgehalt, kaufen entsprechend ein und bereiten die Mahlzeiten zu. Ebenso durchdacht und sorgfältig sollten wir an unsere geistliche Aufgabe gehen, d.h. vorausdenken und sich vorbereiten. Besonders wichtig hierbei ist, dass konkrete, praktisch umsetzbare und nachprüfbare *Ziele* und *Schritte* definiert werden, was der Schüler als Nächstes braucht und wie dies vermittelt werden kann. Ohne diese Ziele vergeuden wir unsere Zeit und die des Jüngers!
- Eine weitere Analogie zu leiblichen Kindern ist der Schutz, den wir ihnen vor allen denkbaren Gefahren bieten. Ebenso können wir auch bei »geistlichen Kindern« nicht tatenlos zuschauen, sondern müssen die geistlichen Bedrohungen aufmerksam im Auge behalten und ggf. reagieren. Zumeist entstehen diese Gefahren sogar – mit Zutun des Feindes – im Jünger selber, wie beispielsweise Stolz, Weltliebe etc. Da heißt es, gut zu beobachten und beherzt und angemessen einzugreifen, ehe es zu spät ist!
- Und schließlich möchten wir nicht nur, dass unsere Kinder etwas *wissen*, sondern dass sie auch etwas *kön-*

nen. Deshalb bilden wir unsere »geistlichen Kinder« aus. Vermitteln wir ihnen die Fertigkeiten, die wir selber haben!

4.4.3 Die persönliche Zeit mit den Jüngern

Die Treffen Eins-zu-Eins mit dem Schüler sind das Herzstück der Jüngerschaftsbeziehung. Sie sollten daher als zielgerichtete *qualitative* Zeit verstanden werden. Besonders der Einstieg in die Beziehung ist wichtig, denn bereits von Anfang an muss Vertrauen aufgebaut und eine Arbeitsgrundlage geschaffen werden. Wenn dies bei der Vertrauensbildung auch schwieriger ist, kann man zumindest beim Schaffen der Arbeitsgrundlage geplant und strukturiert vorgehen. Eine bewährte Methode ist der Einsatz eines Fragenkataloges, der dem Lehrer wie auch dem Schüler eine klare Sicht dafür vermittelt, an welchen Lebensbereichen gearbeitet werden muss und wie praktisch angegangen wird. Ein solcher Fragebogen ist im Anhang dargestellt.

Aus Sicht des Lehrers sind bei jedem persönlichen Treffen folgende Aspekte zu beachten, die diese gemeinsame Zeit charakterisieren:

Das Wort Gottes

Das Wort Gottes sollte bei solchen Treffen immer einen zentralen Punkt einnehmen. Da es unser Ziel ist, dass der Jünger sich von Gottes Wort ernähren lernt, müssen wir es zunächst gemeinsam mit ihm lesen und auslegen.

Also teilen wir ihm im ersten Schritt mit, was wir selber von Gott lernen.

Für mich war es stets eine spannende und äußerst lehrreiche Zeit, wenn ein gewisser älterer und reifer Bruder mir davon berichtete, was Gott aktuell in seinem Leben wirkte. Es beeindruckte mich sehr, wie ein solcher Gläubiger, der sich mit dem Ende seines Lebens auch dem Ende seines Reifungsprozesses näherte, aufrichtig von seinen Unzulänglichkeiten erzählte und erklärte, wie Gott seinen Finger auf diese wunden Punkte legte. Trotz Alter und aller Erfahrung war er immer noch ernsthaft bereit, aufmerksam auf die Stimme Gottes anhand Seines Wortes zu hören und sich auf Veränderungen einzulassen. Darin war er mir ein absolutes Vorbild. Zweifellos wird es sich positiv auf den Jünger auswirken, wenn der Lehrer sein Leben mit Gott offen, ehrlich und nachvollziehbar darstellt – auch wenn er etwas jünger als der besagte Bruder ist.

Fortschritt

Es ist sehr wichtig, dass wir im Auge behalten und nachprüfen, was der Schüler unserer Vorgabe zufolge hätte tun sollen und was er tatsächlich gemacht hat. Leider stimmt es, dass wir Menschen dazu tendieren, nicht unbedingt das zu tun, was andere lediglich *erwarten*, aber was sie kontrollieren, das tun wir sehr wohl. Das ist das ganze Prinzip hinter Tests und Klassenarbeiten in der Schule. Würde ein Schullehrer lediglich erwarten, dass seine Schüler den Dreisatz lernen, würde wahrscheinlich nicht viel dabei herauskommen; die Schüler »pfeifen« auf die Erwartung des Lehrers. Wird das Lernergebnis aber mit einer Mathematikarbeit geprüft – und die Schüler wissen, dass diese Arbeit auf sie zukommt –, so ist das Ergebnis unvergleichlich effizienter. Zwar wird ein einigermaßen geistlich gesinnter Schüler in einer Jüngerschaftsbeziehung nicht auf die Erwartungen seines Lehrers »pfeifen«, aber das Wissen um anstehende Kontrolle wird jede allzu menschliche Nachlässigkeit überwinden helfen.

Probleme

Bei jedem Treffen mit dem Schüler ist unsere Aufmerksamkeit gefordert für noch so kleine Anzeichen für etwas, das das geistliche Wachstum hindert. Bei jedem Hinweis müssen wir gezielt, aber behutsam nachbohren und prüfen, ob unser Wittern von Gefahr berechtigt ist. Ist das der Fall, ist entsprechendes Einlenken und Reagieren gefragt, sonst kann viel Mühe vergeblich gewesen sein. Bei den Galatern musste Paulus genau das befürchten (Gal 4,11).

Die grundsätzlichen Punkte hinsichtlich persönlicher Heiligkeit, an denen wir längerfristig arbeiten müssen, können mithilfe des Fragebogens im Anhang ermittelt werden. Sehr wichtig ist hierbei, dass die Punkte nicht vom Lehrer allein gesichtet und durch Druck auferlegt werden, sondern dass der Jünger von Gott selber in seinem Gewissen berührt worden und willig zur Veränderung ist. Um das zu erzielen, ist es wichtig, nicht nur monologartige Belehrungen vorzutragen, sondern den Schüler dazu zu bewegen, selbstständig einen biblischen

Gedankengang zu entwickeln. Das geht am besten mit Fragenstellen (z.B. »Was weißt du aus der Bibel über den Umgang mit Geld?«). Obwohl der Herr Jesus allwissend war, stellte er viele Fragen. Damit brachte er seine Gesprächspartner zu einer Einsicht in eine geistliche Wahrheit, die ihnen zuvor nicht klar war. Auch gemeinsames Gebet führt häufig zur eigenen Einsicht in ein vorliegendes Problem.

Dass Offenheit nicht nur vom Schüler erwartet wird, sondern auch aufseiten des Lehrers vorhanden sein muss, haben wir bereits oben unter 4.4.2 im Abschnitt »Das eigene Leben mitteilen« gesehen.

Das Couch-Syndrom

Die außerordentliche Wichtigkeit dieser *gegenseitigen* Offenheit zwischen Lehrer und Schüler ist es wert, anhand einer Erfahrung aus Sicht eines Jüngers noch genauer illustriert zu werden. Sein Lehrer arbeitete mit ihm an einigen seiner Charakterzüge und wollte einige Tugenden in ihm wecken, indem er ihm gut gemeinte »Aufträge« erteilte und konkrete Schritte auf das erwünschte Charakterziel hin vorschlug. Dabei waren diese Sitzungen merkwürdig unangenehm für den Jünger, beinahe wie auf der Couch eines Psychiaters, denn vom Lehrer erfuhr er so gut wie nichts Persönliches geschweige denn etwaige Schwächen seinerseits. Er wünschte sich sehnlichst eine gegenseitige Aufrichtigkeit, einschließlich dem Eingestehen eigener Schwächen und Kämpfe, doch hoffte er vergeblich und die Beziehung blieb weiterhin einseitig.

Ein einfaches Beispiel dieser Einseitigkeit war der Auftrag des Lehrers, dass der Schüler seiner Frau verstärkt im Haushalt helfen sollte, insbesondere bei den »niederen« Tätigkeiten, allein um seine selbstlose Liebe zu ihr zu verdeutlichen. Außerdem schien dies in den Augen seines Lehrers ohnehin selbstverständlich zu sein. In seinem Gewissen berührt befolgte der Schüler diese Aufforderung mit dem ihm möglichen Eifer, sodass seine Frau tatsächlich eine überraschende positive Veränderung bemerkte. Sie wiederum wurde allerdings von der Gattin des Lehrers betreut. Da der Austausch unter den beiden Frauen offenbar persönlicher und lebensnäher war, erfuhr der Jünger wenige Wochen später auf diesem Wege, dass sein Lehrer selber – zum großen Bedauern seiner Ehefrau – so gut wie nichts im Haushalt machte! Zuerst musste der Schüler über diese Neuigkeit lachen, doch darauf folgte leider ein fader, aber verständlicher Nachgeschmack.

Gebet

Das persönliche Gebetsleben sollte in dieser Phase der fortgeschrittenen Nachfolge eigentlich selbstverständlich und wohl etabliert sein, doch die Realität sieht leider oft anders aus: Deshalb darf dieser Punkt nicht stillschweigend übergangen werden, sondern sollte einen bedeutenden Stellenwert einnehmen. Gemeinsames, offenes Gebet bildet eine feste Vertrauensbasis und hilft beiden, die Gnade Gottes in Anspruch zu nehmen. Und die Verheißung von Matthäus 18,20 ist gerade in einer solchen Jüngerschaftsbeziehung ein wunderbares Vorrecht!

Das Ziel der Nachfolge Jesu ist der praktische Dienst für ihn – auf der Straße, in der Gemeinde, in den Häusern und an allen Orten, wo er wirken möchte. Das können Evangelisationen in der Fußgängerzone oder im Diskussionskreis in der Uni sein, seelsorgerliche Hausbesuche oder Treffen mit Jungbekehrten zu ihrer Zurüstung, Vorbereitungen von Bibelstunden, Seminaren und Predigten, Korrespondenz mit Missionaren oder Rat suchenden Jugendlichen usw. Wenn wir unseren Schüler nicht in diese Aufgaben mit hineinnehmen wie ein Meister seinen Lehrling – oder ein Chirurg die Medizinstudenten bei einer Operation –, werden wir keine Jünger multiplizieren. Charakterprägung und Fähigkeiten können nicht allein vom Schreibtisch oder Wohnzimmer aus vermittelt werden. Was wir lehren, müssen wir auch praktizieren, dem Jünger vormachen und ihn Hand in Hand darin anleiten. Das geht natürlich nur, wenn wir selber in solchen Aufgaben stehen, mit allem Eifer darin aufgehen und Übung und Geschick darin haben. Wir können nicht dahin führen, wohin wir selber nicht gehen! Daher ist zusätzlich zu der privaten Zeit mit dem Schüler notwendig, dass wir mindestens einmal pro Woche eine Gelegenheit zu einem gemeinsamen praktischen Dienst nutzen.

Wenn wir die Praxis im Dienst für den Herrn vorgemacht haben, müssen wir den Jünger darin anleiten und ihn ermuntern, uns nachzueifern. Aus eigener Jünger-Erfahrung kenne ich die Vorbehalte, die Mutlosigkeit und die Zweifel an dem kommenden »Erfolg«. Aber das ist eine großartige Chance, dass Gott Seine Stärke gerade in der Schwachheit des Dieners beweisen kann. Der Jünger hat so die Gelegenheit, *Glaubensleben* ganz praktisch und für sein ganzes Leben Mut machend zu erfahren. Doch er muss zu dieser Tat, der Umsetzung gebracht werden – und das ist Aufgabe des Lehrers!

Zu Taten bewegen

Warum ist der Schritt, sie zu Taten zu bewegen, so bedeutsam? Müssen wir nicht die »Werke« gemäß Epheser 2,10 allein Gott und damit Seiner Führung überlassen? Sollte nicht jede Tat und jede Veränderung aus der Liebe zum Herrn selbst erwachsen? Die Liebe zum Herrn wollen wir hier als Grundlage voraussetzen. Und um die »guten Werke« an sich, die Gott in uns vorbereitet hat, soll es hier gar nicht gehen.

Jean Gibson drückte es einmal so aus: »Ein vages Verlangen nach Fortschritt ohne Plan oder konkrete Handlungsabsicht ist nicht ein Ziel, sondern ein Traum.« Ziele müssen in Übereinstimmung mit Gottes Prioritäten und aus der Gemeinschaft mit Ihm heraus bestimmt werden, darum sollte der Schüler dies unbedingt im ersten Anlauf selbst durchführen. Doch selbst eine Zielvorstellung ohne *konkrete* praktische Schritte zu einer Lebens- oder Charakterveränderung bleibt ein Traum. Wenn dem Glauben an Gottes verändernde Kraft oder gar an einen vollständigen Sieg über unsere *konkrete* Sünde keine Taten folgen, kann dieser Glaube bestenfalls als Akzeptanz biblischer Wahrheiten bezeichnet werden! Durch denselben Glauben, durch den wir errettet sind, leben wir auch, und für den gilt: »Also ist auch der Glaube, wenn er nicht Werke hat, an sich selbst tot« (Jak 2,17).

Wahrer Glaube umfasst vier Elemente, die anhand der folgenden Allegorie einer Flugreise illustriert werden sollen (geistliche Bedeutungen in Klammern). Wir möchten von einem Ort A nach einem Ort B und für diese Reise besteht keine Möglichkeit zu Lande (mit unserem »Fleisch«). Nun sagt uns unser Reiseveranstalter im Prospekt (die *Basis* des Glaubens – das Wort Gottes, 2 Tim 3,14-17), dass eine Fluggesellschaft regelmäßig Flüge von A nach B unternimmt (der *Inhalt* des Glaubens – z. B. Röm 6,6). Froh und mit festen Absichten fahren wir zum Flugplatz. Dort eingetroffen stellen wir fest, dass das Flugzeug (das *Objekt* unseres Glaubens, in welches wir unser Vertrauen setzten, Christus, z. B. Röm 6,11) äußerlich allerdings wenig vertrauenserweckend ausschaut – zum Unbehagen unserer ängstlichen Seele. Der Mensch achtet nun einmal verstärkt auf das Äußere, das Sichtbare. Irritiert holen wir noch einmal den Prospekt aus unserem Handgepäck hervor und schauen nach, ob dies wirklich das richtige Flugzeug ist. Dem Prospekt zufolge hat alles seine Richtigkeit. Das Flugzeug ist sogar abgebildet und ein zusätzlicher Hinweis erklärt, dass trotz des unscheinbaren Äußeren das Flugzeug eine gewaltige Kraft (die Kraft Gottes) entwickelt, um tatsächlich abzuheben und wohlbehalten in B anzukommen. Schließlich »glauben« wir und setzen unseren Fuß auf die Gangway, aber nach kurzem Innehalten befällt uns der Gedanke, dass die Reise heute eigentlich »ungelegen« ist, und wir verschieben sie.

Es war nicht echter Glaube, es war allenfalls Akzeptanz der Aussage, dass die Maschine ihr Ziel erreichen würde. Hätten wir wirklich geglaubt, dann hätten wir dem Glauben auch die dazugehörige *Tat* folgen lassen und wären eingestiegen. Erst wenn die Tat folgt, kann man von echtem Glauben sprechen.

Das ist es, wozu wir den Schüler bewegen möchten: nicht zum Antrainieren neuer Verhaltensmuster oder zum Ausüben eigener, fleischlicher Werke, sondern allein dazu, zur Tat zu schreiten - in der Abhängigkeit von Gott. Wir ermuntern ihn, in das Flugzeug einzusteigen, damit der Traum von Veränderung wahr wird.

Vision vermitteln

»Vision« ist ein gefährliches Wort – und das in zweierlei Sinn. Wenn wir als Christen nach buchstäblichen Visionen Ausschau halten, ist mit unserem Glauben vermutlich etwas nicht in Ordnung. Auf Visionen drängen zumeist solche Leute, die ihre Bibel vernachlässigt und die großartige, vollkommene Offenbarung Gottes in Seinem Wort noch gar nicht richtig verstanden haben. Das zweite »Gefahrenpotenzial« des Begriffs »Vision« ist aber ein durchaus positives: Vision im Sinne vom Blick für das, was Gott durch uns bewirken möchte. »Wo keine Vision ist, verfällt ein Volk« (Spr 29,18) – das gilt auch heute noch – und Ziellosigkeit in unseren Gemeinden führt erfahrungsgemäß zu Trägheit, Fruchtlosigkeit und Verfall. Doch die Bibel ist ein Buch voller Vision. Nehmen wir nur das Ziel aus Kolosser 1,28: ». . . jeden Menschen vollkommen in Christus darzustellen.« Sind bereits alle Menschen in aller Welt vollkommen in Christus? Wohl kaum; also gibt es viel zu tun! Doch Weltmission fängt in unserer Nachbarschaft an; und auch unsere Nachbarn sind gewiss noch nicht alle perfekte Nachfolger Jesu!

Haben wir eine Vision für sie? Haben wir eine Vision für unsere Gemeinde? Dass durch die kompromisslose Verkündigung des Wortes Gottes und durch Heranbilden von Jüngern Wachstum entsteht, Heiligung und Hingabe geweckt wird, dass es eine wirkliche Versammlung von Anbetern wird, die Jünger in die Ernte des Herrn sendet und ein Licht in dieser düsteren Welt ist? Vielleicht verhilft auch dieses Buch manchem Leser zu einer Vision, was Gott in unserem Leben und durch unser Leben erreichen möchte und wie sich diese Auswirkung multiplizieren kann.

Und diese Vision gilt es dann den Jüngern zu vermitteln. Wir können in ihnen nur Begeisterung wecken, wenn wir selber begeistert sind. Wir können nicht erwarten, dass sie mit größerem Eifer bei der Sache sind als wir. Und sie sollten wissen und überzeugt sein, wofür sie begeistert und eifrig sind. Der Herr Jesus hat seinen Jüngern erst die Augen geöffnet für die weißen Felder, die reif sind zur Ernte, und für die verstreuten Schafe, die so dringend Hirten brauchen – und für den über alles heiligen, liebenden und barmherzigen Gott, der alle Anbetung verdient und dessen unbeschreibliche Herrlichkeit auf dieser Erde durch lebendige Gemeinden verkündet werden soll.

Solche begeisterte Vision vermitteln wir unseren Schülern natürlich nicht, indem wir mit phlegmatischer Miene unsere geistliche Pflicht erfüllen. Diese lebensverändernde Aufgabe verlangt Fleiß, Eifer, jede Tugend und strahlendes Vorbild sowie überströmende Liebe zu unserem Herrn, die sie aus unserem Mund und an unserem ganzen Wesen ablesen können. Ihre Vision muss sein, unsere Vision zu haben und so zu werden wie wir.

4.4.4 Der Umgang mit den Jüngern

Es ist wichtig zu bedenken, dass die Beziehung in der Jüngerschaft hauptsächlich durch den Lehrer geprägt wird. Er ist zwangsläufig der aktive Part, bestimmt weitgehend den Inhalt der Gespräche bei den Treffen (es sei denn, der Schüler möchte etwas aktuell Wichtiges besprechen) und gibt damit die allgemeine Entwicklung der Beziehung vor. Zudem gibt er bewusst oder unbewusst den »Ton« der Gemeinschaft an, kann Vertrauen aufbauen – oder aber durch unbedachtes Verhalten zerstören. Daher ist es ratsam, sich die folgenden Empfehlungen, die als eine Art Kaleidoskop dienen, zu Herzen zu nehmen, um die Beziehung aufzubauen, in die gewünschte Richtung zu lenken und schädigende Verhaltensweisen zu vermeiden.

Positiv im Umgang mit den Jüngern:

- Setze nicht dich selbst zum Standard, sondern das Wort Gottes und die Person Jesu Christi. Beachte jedoch Lukas 6,40: Der Jünger wird nicht mehr sein als der Lehrer.
- Benutze das Wort Gottes, um konkrete und praktische Hilfe für Wachstum und Korrekturen zu geben.
- Stelle die Bedürfnisse der Jünger so in den Mittelpunkt, wie Gott sie sieht, und nicht deine Interessen.
- Mache ihnen deutlich, dass du an ihnen als Person und nicht nur als geistlichem Projekt interessiert bist.
- Sei eine wahrhaftige, transparente, nahbare Person mit Problemen, Konflikten, Fehlern und Versagen. Doch

vermeide es, sie mit bedrückenden Einzelheiten zu beladen.

- Bringe Liebe zum Ausdruck. Höre ihnen gewissenhaft zu. Unterbreche nicht, wenn nicht unbedingt nötig. Reagiere auf das, was sie interessiert.
- Halte in den kleinsten Kleinigkeiten dein Wort. Sei mit Nachdruck darauf bedacht, ihnen durch dein Vorbild das Gleiche beizubringen.
- Antworte, wenn angebracht, mit Gegenfragen, wie es der Herr tat. Die wirksamsten Antworten sind die, die sie selber finden. Lass sie denken.
- Plane auch gemeinsame gesellschaftliche bzw. Freizeitaktivitäten, um die Beziehung ausgewogen zu gestalten.

Negativ im Umgang mit den Jüngern:

- Sehe einen positiven, aufnahmebereiten Gemütszustand nicht als selbstverständlich an. Sie brauchen Aufmerksamkeit und Ermunterung.
- Bitte sie nicht darum, etwas zu tun, das du nicht tust.
- Berate seelsorgerlich nicht auf die Schnelle, denn dann unterlaufen leichter Fehler in Beurteilungen und Hilfestellungen. Verabrede lieber ein späteres Treffen.
- Belaste sie nicht durch deine Launen, schlechtes Reden über andere und entmutigende Äußerungen!
- Gebrauche nicht deine eigenen »geistlichen Errungenschaften« als Maßstab. Lebe ihnen *Christus* vor. Zeige auf ihn. Verhalte dich nicht, als ob du es schon erreicht hättest (Phil 3,12).
- Belaste sie nicht mit zu vielen Korrekturen und mit

unmöglich zu bewältigender Arbeit. Doch fordere sie zu Disziplin heraus.

- Enttäusche niemals persönliches Vertrauen.
- Korrigiere oder weise nie ohne folgende Prinzipien zurecht:

1. Vergewissere dich zuerst über die Grundlage und die Information.
2. Benutze mit passenden Versen die entsprechende Autorität aus Gottes Wort.
3. Sei ein Vorbild in allem, was du anführst.
4. Zeige durch Fragen oder Aussagen genau auf, wie sie von diesen Prinzipien abweichen.
5. Gib ihnen deine Zuversicht zu erkennen, dass sie auf diesen Gebieten Überwinder sein werden. Ermutige sie, besonders im Gebet.

4.4.5 Die Ausbildung in einem Jüngerschaftsprogramm

Obwohl die persönlichen Treffen zwischen Schüler und Lehrer das eigentliche Herzstück der Jüngerschaft sind, stellt sich dennoch die Frage, ob die Vermittlung rein wissensmäßiger Lerninhalte nicht auf effektivere Weise erreicht werden kann. Das bedeutet in der Praxis, dass das Verhältnis von Eins-zu-Eins auf mehrere Schüler ausgedehnt wird, die gleichzeitig unterrichtet werden. Solche »Klassen« bringen gleichzeitig den Vorteil mit sich, dass der Unterricht auch auf mehrere Lehrer verteilt werden kann, die jeweils ihre persönlichen Schwerpunktgebiete übernehmen. Eine solche Zusammenstellung mehrerer Lehrer einer Gemeinde zur Ausbildung ihrer Jünger ist geradezu ideal, solange die Schülergruppe hauptsächlich theoretisch geschult werden soll und verhältnismäßig klein bleibt.

Weitere Vorteile sind leicht ersichtlich. Wenn sich verschiedene Lehrer diese Aufgabe teilen, werden sie entsprechend ihren Gaben eine ausgewogene Mischung von Inhalten und Schwerpunkten vermitteln. Die Ausbildung der »Jünglinge« wird ein gemeinschaftliches Anliegen und somit – hoffentlich – ein Anliegen auch der Gemeinde als Ganzes. Das Gemeindeleben wird bereits während des Jüngerschaftsprogramms von diesen Unternehmungen profitieren. Außerdem wird sich unter den Teilnehmern eine feste, motivierende Gemeinschaft entwickeln, die auch nach dem Programm weiterbestehen und hilfreich sein kann. Daraus können Stützen für das ganze Leben erwachsen.

Dieser Unterricht in Klassen ist aber keinesfalls ein Ersatz für die persönliche Beziehung in einer Jüngerschaft. Er ist nur ein Bestandteil der Ausbildung und ohne praktische Anwendung des Gelernten wird er wohl kaum wirklich lebensverändernden und bleibenden Erfolg bringen. Denn Gott gebraucht und wirkt nicht durch Methodiker, sondern er wirkt durch Charaktere. Nicht die Methode steht für Gott im Vordergrund, sondern der Diener, der Mensch selber. Die Herausforderung des Lehrers ist also, mutige und entschiedene Herzen für Gott heranzubilden. Die Vermittlung von Wissen und Fertigkeiten ist erst dann sinnvoll, wenn sie auf einem solchen Herzen aufbaut.

Ein gezielt strukturiertes Jüngerschaftsprogramm kann bei Bedarf auch in einer kleinen Gemeinde durchgeführt werden. Folgender Erfahrungsbericht ist ein sinnvoller

Vorschlag, der sich in jeder Gemeinde verwirklichen lässt; bereits innerhalb von einem halben Jahr kann eine solche Ausbildung wesentliche Grundlagen legen. Durchführbar sind beispielsweise Treffen, die jeweils 14-tägig samstags ganztägig und einmal wochentags abends stattfinden. Daneben sollten sich die Jünger einmal pro Woche mit ihren Lehrern treffen, außerdem unter sich zum Gebet. Für die praktische Ausbildung werden die Schüler in Hausbesuche, Bibelkreise, Lehrprogramme, Kinderstunden, Evangelisationen, Büchertische usw. einbezogen. Auf den ersten Blick scheint ein solches Pensum zeitlich kaum durchführbar zu sein – insbesondere neben Beruf, Ausbildung oder Studium. Aber der Eindruck täuscht – man braucht »nur« die richtige Überzeugung und einen festen Willen. Wie viel zusätzliche Belastung sind wir doch ansonsten bereit (oder gezwungen) auf uns zu nehmen, wenn wir z. B. ein Haus bauen, eine Umschulung machen, ein Kind bekommen, einen Krankheitsfall in der Familie tragen usw.! Alles ist nur eine Frage der Priorität, Konsequenz und Gewöhnung (Bereitschaft zur Umstellung). Zudem müssen die Organisatoren hier und da »Kritik« seitens der Schüler einstecken, insbesondere über die Arbeitsbelastung durch Hausaufgaben. Aber die Einsicht wird nicht ausbleiben; ebenso wenig die Frucht. Zugegeben, es ist tatsächlich die Aufopferung eines halben Jahres »freie« Zeit, aber diese Investition ist auf beiden Seiten mehr als lohnend. Ich habe bisher von keinem gehört, der es bereut hat. Und abgesehen von unserem Lohn in der Ewigkeit liegt der größte Nutzen – und das eigentliche Ziel – außerhalb von uns selbst und erfordert die Motivation aufopfernder Liebe: Nur wenn fähige Arbeiter auf die Erntefelder gesendet werden, können Menschen gerettet und zu Anbetern werden, und Gott wird verherrlicht, wenn Gemeinden mit zugerüsteten Mitarbeitern und reifen Hirten gesegnet sind.

Die Inhalte des gemeinschaftlichen Unterrichtes sollten ausgewogen sein, und zwar jeweils zu einem Drittel bestehen aus einem *Studium biblischer Bücher, thematischen Kursen* (z.B. Gott und Christus – das Wesen Gottes – das Evangelium – die Gemeinde – Nachfolge – persönliche Heiligkeit – der Heilige Geist – Prophetie – Heilsgewissheit – Gebet – die Bibel – Hermeneutik – Sekten - Mission etc.) und *praktischen Kursen* (z.B. persönliche Evangelisation - Predigen und Lehren – Bibelstudium – Hausbesuche – biblische Seelsorge – Büchertischarbeit – Kinderarbeit – Jüngerschaft etc.). Besonders auch der letzte Punkt in dieser Beispielliste ist wichtig, denken wir an unser Vorhaben der Multiplikation.

Da Gott für die Geschlechter zum Teil unterschiedliche Aufgabenfelder vorgesehen hat, ist je nach Ziel des Programms zu überlegen, ob gemischt oder nach Geschlechtern getrennt geschult wird (siehe z.B. Tit 2,3-5). Wenn das Programm speziell auf die Heranbildung von Leitern abzielt, sollten dementsprechend nur Männer trainiert werden, wobei deren Ehefrauen parallel oder ergänzend geschult oder auch – z.B. beim Thema Seelsorge – direkt mit einbezogen werden.

Sicherlich lässt sich ein derart umfangreiches Programm nicht allein mit den Anregungen und Informationen aus diesem einen Kapitel initiieren. Doch eigentlich ist mit den hier aufgezeigten Prinzipien alles Wesentliche gesagt – es kann losgehen! Lehrmaterialen zu den einzelnen Themengebieten sind auf dem Literatur- und Medienmarkt reichlich vorhanden (allerdings ist eine sorgfältige Qualitätsprüfung nötig!) und müssen »nur« entsprechend zusammengestellt, präsentiert und praktiziert werden. Das Wichtigste in einem solchen Jüngerschaftsprogramm sind natürlich die Personen, auf die wir im Folgenden noch ausführlich eingehen werden, und hier insbesondere die Lehrer. Sicher eignen sich vor allem solche Gläubige dafür, die selbst bereits eine derartige Schulung (oder eine strukturierte Jüngerschaft in Form einer Einzelbeziehung) durchlaufen haben. Aber auch ein Team von Gemeindeältesten kann das Programm beginnen oder eine Gruppe motivierter Mitarbeiter mit einem gewissen Maß an Reife und Erfahrung in Gemeindearbeit und Evangelisation. Nur Mut!

Kapitel 5

Die Personen in einer Jüngerschaft

»Alle Giganten Gottes waren schwache Menschen, die große Dinge für Gott taten, denn sie rechneten damit, dass Gott mit ihnen ist.« (HUDSON TAYLOR)

Hudson Taylor, durch den Gott im 19. Jahrhundert das Inland Chinas für das Evangelium aufgeschlossen hat, sagte von sich: »Ich selbst bin nicht besonders begabt und von Natur aus schüchtern, aber mein gütiger und barmherziger Vater neigte sich zu mir und stärkte mich in meinem schwachen Glauben, als ich noch jung war. In meiner Hilflosigkeit lehrte Er mich, mich an Ihn zu lehnen.«

Wenn wir Hudson Taylor gekannt hätten, bevor er seinen Dienst am Evangelium begann, hätten wir ihn dann aufgrund seiner natürlichen Eigenschaften für eine Jüngerschaftsbeziehung ausgewählt? Wohl kaum. Wonach würden wir Ausschau halten? Nach den von Natur aus Begabten und Siegertypen, den Großen und Angesehenen? Nach leistungsorientierten Karrieremenschen, die ihr Leben im Griff haben? Wenn sie im weltlichen Bereich erfolgreich sind, sollten wir besonders Vorsicht walten lassen. Denn sind diese Menschen in ihrem Streben Gott *wirklich* untergeordnet?

Häufig sind es solch schlichte, unspektakuläre Menschen wie Gideon und David, die Gott gebrauchen kann. Wenn jemand von Natur aus eine Führerpersönlichkeit ist, muss das nicht unbedingt ein Nachteil für die Qualität des geistlichen Lebens sein, aber solche Führerqualitäten sind nicht das *bestimmende* Kriterium. Wir dürfen uns davon nicht beeindrucken lassen. Letztendlich zählt, was Gott aus einem ihm ergebenen Diener machen kann.

Bei unseren Überlegungen, welches die nötigen Eigenschaften für die Personen der Jüngerschaft sind, denken wir dabei vor allem an die Auswahl der richtigen Schüler. Doch bei den Lehrern müssen wir uns nicht weniger fragen, welchen Anforderungen sie entsprechen sollten. Nur allzu leicht denken wir, dass wir von Gemeindeleitern, populären Rednern oder bekannten Missionaren am meisten lernen könnten, da wir vom äußeren »Erfolg« auf die Eignung als Vorbild schließen. Das ist möglicherweise durchaus berechtigt, aber dennoch kann der äußere Schein uns leicht blenden. Es gibt unzählige vorbildliche Diener des Herrn, die kein Aufsehen darum machen und in ihrem unscheinbaren Wirkungskreis verborgen bleiben, von denen wir aber durchaus sehr, sehr viel lernen können.

Im Folgenden wollen wir auf die Wesenszüge und Eigenschaften sowohl der Lehrer als auch der Schüler eingehen, die für eine Jüngerschaftsbeziehung bedeutsam sind.

5.1 Die Lehrer der Jünger

5.1.1 Die Voraussetzungen

In einem Gleichnis über das Reich der Himmel spricht der Herr von dem »guten Samen«, der auf den Acker gesät wird und als Weizen Frucht bringt (Mt 13,24-30). Einige Verse später erklärt er, dass mit diesem Samen nicht nur das Wort Gottes gemeint ist, sondern vielmehr *Menschen*. Er, der Sohn des Menschen, sät auf den Acker, die Welt, den guten Samen, und das sind »die Söhne des Reiches« (Mt 13,38) – also nicht nur einige außergewöhnliche Christen.

Für uns ist das ein Grund zur Freude, dass der Herr uns ganz persönlich dazu gebrauchen möchte, Frucht hervorzubringen – wenn es da nicht ein Problem gäbe: Der Same muss sterben, um sich reproduzieren zu können! Der Herr erläutert dies in Johannes 12,24: »Wenn das Weizenkorn nicht in die Erde fällt und stirbt, bleibt es allein; wenn es aber stirbt, bringt es viel Frucht.«

Damit hat der Herr einerseits Seinen eigenen Tod vor Augen (vgl. V. 27), doch Seine unmittelbar darauf folgende Aussage (V. 25) bezieht sich eindeutig auf diejenigen, die an Ihn glauben: »Wer sein Leben liebt, wird es verlieren; und wer sein Leben in dieser Welt hasst, wird es zum ewigen Leben bewahren. Wenn mir jemand dient, so folge er mir nach; und wo ich bin, da wird auch mein Diener sein« (vgl. Lk 9,23-25). Dieses Prinzip, dass Sterben notwendig ist, damit ein Same Frucht bringt, wendet der Herr nicht nur auf sich selbst, sondern auch auf Seine Jünger an.

Aber sind wir bereit, diesen Preis zu zahlen, *unsere* Interessen für unser eigenes Wohlergehen und alles, was dazu nötig ist, aufzugeben? Das eigene Leben zu hassen bedeutet, Christus mehr zu lieben als das eigene Leben mit all den darauf bezogenen Interessen. Die Aussage, dass der Same sterben muss, um wirkliche Frucht hervorzubringen, gilt ganz unabhängig von unserer Einstellung dazu. Wir haben die Wahl zwischen den Konsequenzen, wofür wir unser Leben investieren.

Dieses In-den-Tod-Geben der eigenen irdischen Interessen und Erwartungen und somit des eigenen Ichs zeigt sich auf vielerlei Weise. Im Grunde ist es eine geistliche Wahrheit, dass dieser Tod durch das Opfer Jesu Christi bereits geschehen ist, wenn wir uns wirklich im Glauben damit identifiziert haben. Unser Part besteht dann »nur« noch darin, dies *zu wissen* und zu »*erkennen, dass unser alter Mensch mit gekreuzigt ist*«, uns für tot *zu halten* und uns so Gott zur *Verfügung zu stellen* (Röm 6,6-13). Erst dann wird das geistliche Leben, das in Römer 6-8 vorgestellt wird, an uns Realität. Durch unsere Identifikation mit dem Tod Christi und durch die praktische Konsequenz unseres Glaubens – das Aufgeben unserer eigenen Ziele –, kann schließlich Gottes Kraft durch uns wirksam werden.

Wir werden sozusagen »durchsichtig«. Durch uns hindurch wird Christus sichtbar, und nur das kann dazu führen, dass wir geistliches Leben an andere weitervermitteln können. Erst unter dieser Voraussetzung kann ein Lehrer sein Leben »reproduzieren« und schließlich multiplizieren.

Dieses Sterben ist also nichts rein Eliminierendes, sondern der entstandene Freiraum dient nur dazu, Christus den größtmöglichen Platz zu geben! Erst durch dieses vorbehaltlose Abgeben unseres Lebens an Ihn treten wir in eine echte Nachfolge des Herrn ein (vgl. Joh 12,25b). Ein Lehrer von Jüngern kann nur der sein, der selber Jünger des Herrn ist. Er muss selber in Ihm bleiben und ein fruchtbringendes Leben in Seiner Kraft führen (Joh 15).

In diesem Zusammenhang sollten wir uns noch einmal vor Augen führen, dass der Schüler nicht mehr werden kann, als der Lehrer ist! Es genügt also nicht, darauf zu vertrauen, dass der Herr unser eigenes Bemühen schon in rechter Weise zur Frucht bringen wird. Hier ist Vorsicht nötig, denn unser eigenes Bemühen kann tatsächlich »Frucht« tragen, aber nicht im Sinne von Frucht unserer Nachfolge zum Herrn. Wenn wir unseren Jünger durch unsere fleischlichen Bestrebungen prägen und verändern, wird er dadurch nicht dem Herrn ähnlicher, sondern unserem alten Menschen, der doch in den Tod gehört. Nur in dem Maß, wie wir uns selbst verleugnen und dem Herrn nachfolgen, können wir durch unser Vorbild der Nachfolge geistliche Frucht in dem anderen hervorbringen.

5.1.2 Angestrebte Qualitäten und Selbstprüfung

Die geistlichen Qualitäten

Aus den angeführten Grundvoraussetzungen leiten sich einige geistliche Qualitäten ab, die der Lehrer aufweisen sollte:

Er muss *Christus hingegeben und gehorsam* sein. Christus muss sein Leben uneingeschränkt und in allen

Bereichen bestimmen. Von Oswald Chambers stammt die Aussage: »Wenn ich den Ruf Gottes höre und mich sträube, werde ich ein matter, stumpfsinniger und nichts sagender Christ. Denn ich habe gesehen und gehört und bin nicht gefolgt.«

Außerdem sollte der Lehrer innerlich von aller *Weltlichkeit abgesondert* sein (1Joh 2,15-17). Das Streben nach weltlichen Dingen wie Luxus, Prestige, Macht, Ansehen bei Menschen oder einfach »Selbstverwirklichung« gehört nicht zu den Ambitionen eines reifen Christen. Ansonsten wäre seine Nachfolge stark beschränkt oder nicht echt.

Das Leben des Lehrers sollte zudem durch *Gnade* dominiert sein. Was das bedeutet, haben wir bereits in Abschnitt 4.1 behandelt.

Ein besonderer Wesenszug, den wir vom Jünger verlangen, ist auch für den Lehrer absolut unverzichtbar: *Disziplin*. Vom lateinischen Wort *discipulus* leitet sich auch das englische Wort für Jünger ab, *disciple*. In der Tat ist Disziplin eines der wichtigsten Merkmale, die ein Jünger haben muss. In Hinsicht auf die Jüngerschaft zum Herrn sagte ein bekannter Evangelist, dass Nachfolge zu vielleicht 5 % eine Entscheidung erfordert und zu 95 % Disziplin.

Die Führungsqualitäten

Wie wir bereits wissen, ist der Lehrer zwangsläufig Vorbild und auch Führer der Jüngerschaftsbeziehung. Daher sollte er grundsätzliche Führungsqualitäten aufweisen:

Sein Wesen und sein Auftreten muss *motivierend* wirken. Im Leben des Jüngers werden geistliche Durststrecken kommen, und dann ist der Lehrer gefragt, zu tragen, zu ermutigen und immer wieder die Gedanken auf den Herrn, Sein Wort und Sein Wirken zu lenken.

Er braucht ein gutes *Urteils- und Einschätzungsvermögen*. Er muss möglichst genaue und hilfreiche Antworten geben können auf Fragen zu konkreten Problemen im Wachstum des Schülers, zum derzeitigen Erkenntnisstand, zu den Gaben und Fähigkeiten, zum richtigen Maß an Herausforderung (aber nicht Überforderung) und ggf. zu Seelsorge. Diese Bereiche stellen schließlich eine der Grundlagen für das Verhältnis zu und die Arbeit mit dem Schüler dar.

Der Lehrer muss auch *Initiative* ergreifen. Er muss das Ziel vorgeben, einzelne Schritte definieren und deren Umsetzung anstoßen, jedoch ohne dabei dem Jünger die jeweilige Entscheidung abzunehmen.

Wichtige Charakteristika sind in diesem Zusammenhang auch *Begeisterung und Ermutigung*. Eine Aufforderung kann ganz anders wirken, wenn sie in einer ermunternden Art erteilt wird. So kann ein Lehrer den Schüler auch über ungelegene Hürden mitreißen. Das im Neuen Testament häufig vorkommende Wort »ermahnen« lässt sich gut mit »motivieren« übersetzen, denn mit dem griechischen *parakaleo* ist nicht ein konfrontierendes Ermahnen mit erhobenem Zeigefinger gemeint, sondern ein Mut machendes, förderndes Ermahnen durch einen Beistand, jemanden, der neben uns tritt, seinen Arm um unsere Schulter legt und zeigt, was wir anders und richtig machen können und welcher Segen dabei herauskommen wird. Der Heilige Geist ist der »Ermahner« bzw. »Tröster« (griech. *parakletos*) und er wirkt als solcher durch uns Gläubige zu anderen Gläubigen.

Darüber hinaus sollte der Lehrer ein gewisses Maß an *Flexibilität* haben. Für Jüngerschaftsbeziehungen gibt es nun einmal keinen festen Plan, keinen, den man konsequent einhalten kann. Es kommen immer neue Schwierigkeiten auf bzw. stellen sich im positiven Sinn neue Herausforderungen oder es werden Gaben ersichtlich, die es dann zukünftig zu fördern gilt.

Zumeist ist ein gehöriges Maß an *Geduld* nötig (1 Thes 5,14). Diese Übung ist besonders schwer, hofft man doch auf die Fortschritte seines Schülers und möchte die ersehnte Frucht möglichst bald sehen. Gott hat indes einen ganz anderen Umgang mit Zeit. Enttäuschungen werden kommen; für uns ist dann wichtig, damit ohne Resignation umzugehen.

Schließlich muss der Lehrer seiner *Aufgabe hingegeben* sein. Paulus schreibt in Kolosser 1,28.29: »Ihn [Christus] verkündigen wir, indem wir jeden Menschen ermahnen und jeden Menschen in aller Weisheit lehren, um jeden Menschen vollkommen in Christus darzustellen; worum ich mich auch bemühe und kämpfend ringe gemäß seiner Wirksamkeit, die in mir wirkt in Kraft.« Da wir in einer Jüngerschaftsbeziehung die gleiche Zielsetzung haben wie einst Paulus, müssen wir auch den gleichen Einsatz zeigen wie er, also geradezu *kämpfend ringen*.

Der Lehrer ist in dieser Aufgabe ein *Diener*. Er ist ein Diener für den Herrn, um Diener für den Herrn heranzubilden. Nochmals: Wir haben ein Vorbild in unserem Herrn Jesus, leben nach diesem Vorbild und werden so anderen zum Vorbild werden. Dieses Vorbild ist es, was Leben verändern kann.

Nun kommen wir zum wahrscheinlich schwierigsten Punkt in diesen Überlegungen: der *Selbsteinschätzung*.

Wer kann diese Liste durchgehen und nach jeder erforderlichen Eigenschaft einen Haken notieren? Oder wie können wir einen Maßstab finden, um wenigstens die unbedingt nötige Minimalanforderung bei den einzelnen Punkten (und es gibt durchaus noch weitere) zu definieren, damit wir uns diese Aufgabe zu Recht anmaßen können?

Dazu gibt es keine pauschale Antwort! Ich hätte sie gerne. Der einzige Weg ist hier, unser Ergebnis Gott selbst vorzulegen. Wer ehrlich fragt, dem wird Gott deutlich machen, ob dieses Investieren in eine Jüngerschaftsbeziehung einer seiner Dienste sein sollte. Ergänzend dazu sollten auch Gespräche mit anderen reifen Christen geführt werden, die womöglich zu Veränderungen raten oder einfach ermutigen können. Wer selbst einmal in der »Schülerrolle« war, wird ohnehin klarer sehen. Außerdem dürfen wir nicht vergessen, dass man an diese Aufgabe guten Gewissens nur im Bewusstsein der Gnade Gottes gehen kann.

Aber zu einer Jüngerschaftsbeziehung gehören natürlich zwei. Es ist kein Dienst, zu dem man sich einfach selber entscheiden kann. Allein aus der offensichtlichen Führung Gottes, die zwei Menschen zusammenbringt, kann viel über die Grundlage und Gottes Wirken für eine Jüngerschaft gelernt werden. Wenn man die Umstände geistlich beurteilt, wird man wissen, ob es Gottes Plan ist.

Auch nachdem die Entscheidung für eine solche Jüngerschaftsbeziehung getroffen ist, bleibt es wichtig, dass man sich immer wieder auf die genannten Anforderungen hin prüft und sich ständig fragt, wie man sie in der Praxis zum Einsatz bringt. Wie kann ich meinen Schüler *jetzt* motivieren? Was braucht er *jetzt* zum Wachstum? Kann ich mir darin sicher sein? Wo muss ich von meinen bisherigen Plänen abweichen? Wie kann ich ermutigen? Schade ich der Beziehung durch meine Ungeduld? Das sind Fragen, die in dieser oder ähnlicher Weise immer wieder gestellt werden müssen.

5.1.3 Die Betreuung der Betreuer

Eine reine Methodik ist mehr oder weniger einfach und zumeist gefahrlos zu vermitteln. Eine echte Jüngerschaftsbeziehung hingegen birgt nicht nur Schwierigkeiten, sondern auch Gefahren in sich. Seien wir ehrlich: Welcher Lehrer bringt seinem Schüler unbewusst nicht auch fehlerhafte Verhaltensweisen bei? Wenn wir einen Schritt weitergehen, müssen wir sogar einräumen, dass falsch geprägte Lehrer zu falsch geprägten Schülern führen. Das Extrembeispiel dafür – das aber leider häufig der Realität entspricht – ist Paulus' Warnung: »Und aus eurer eigenen Mitte werden Männer aufstehen, die verkehrte Dinge reden, um die Jünger abzuziehen hinter sich her« (Apg 20,30). Gerade falsche Lehrer können ungefestigte Gläubige in ihren Bann ziehen (siehe 2Petr 2,1.2), denn abgesehen von verlockenden Lehrinhalten kommen ihnen auch die Vorteile und die Kraft einer persönlichen Beziehung zugute. So besteht die falsche Prägung nicht nur aus einer falschen Lehre, sondern auch aus ungeistlichen Charaktereigenschaften, Gesinnungen und Verhaltensweisen (wie Hochmut, Machtstreben, Stolz etc.), die Christus nicht entsprechen. Wie ist dem zu begegnen?

Grundsätzlich ist es gesund, wenn die Jüngerschaft in eine Ortsgemeinde integriert ist, wo solche Tendenzen nicht unbemerkt bleiben werden und korrigiert werden können. Selbst wenn der Gedanke von Jüngerschaftsbeziehungen oder gar eines Jüngerschaftsprogramms in der Ortsgemeinde nicht aktiv unterstützt wird, sind Lehrer und Schüler der Gemeinde gegenüber verantwortlich, da ihr von Gott Autorität gegeben wurde.

Welche Beziehung hat der Lehrer nun zu der Gemeinde, besonders in Fragen seines Dienstes? Hat er sich der Gemeinde *untergeordnet*? Ist seine Lehre durch und durch biblisch? Ist sein Wandel vorbildlich? Bleibt der Lehrer zugänglich; ist er für Korrekturen offen? Ist er kooperativ und teamfähig? Oder ist er ein Einzelgänger, der gut gemeinte, konstruktive Kritik missachtet, obwohl sie angebracht ist? Reflektiert er sich selbst kritisch?

Außerdem kann eine Jüngerschaftsbeziehung nicht entgegen dem Abraten der Gemeinde(-leitung) unabhängig von der Gemeinde durchgeführt werden, indem man argumentiert, die Gemeinde hätte kein Verständnis dafür. Dieser Einwand mag durchaus berechtigt sein. Doch stellt sich eine biblisch gegründete Gemeinde dagegen, so liegen die Ursachen wesentlich tiefer: in Lehrdifferenzen, mangelndem Vertrauen, fehlender Gemeinschaft oder Sünde. Diese fundamentalen Dinge gilt es vor Beginn einer Jüngerschaftsbeziehung unbedingt zu bereinigen.

Bei Berufen mit einer hohen Verantwortung gegenüber Menschen, insbesondere ihrer Persönlichkeit, ist es selbstverständlich, dass sich solche Berufsträger über ihre Arbeit austauschen und transparent sind. Diese Einrichtung zur Korrektur und gegenseitigen Unterstützung nennt man *Supervision*. Viele Ärzte, Therapeuten und Sozialarbeiter sind hierzu verpflichtet.

Dies ist nicht nur ein vernünftiges Prinzip, sondern angesichts biblischer Gemeindestrukturen ein schriftgemäßes. Lehrer sollten von sich aus eine solche Betreuung suchen, in aller Offenheit und Bereitschaft zur kritischen Reflexion mit anderen geistlich reifen Geschwistern. Solche »übergeordneten« Beziehungen zwischen Lehrern bzw. Ausbildern können in idealer Weise im Rahmen eines Jüngerschaftsprogramms aufgebaut werden, das in eine Gemeinde integriert ist.

Da ein geistlich gesinnter Lehrer sich über die Wichtigkeit und den Nutzen einer solchen Betreuung im Klaren ist, wird er sie nicht umgehen, auch wenn er selber zu den Leitern in einer Gemeinde zählt. Wir sind Menschen, begehen Fehler und sündigen (1Joh 1,8). »Daher, wer zu stehen meint, sehe zu, dass er nicht falle« (1Kor 10,12). Auch wenn unser Glaubensleben in Ordnung und eine Supervision nicht erforderlich erscheint, sollten wir die Notwendigkeit der Einbettung in einen betreuenden Rahmen unbedingt ernst nehmen. Beim gegenseitigen Austauschen werden unausgewogene und falsche Tendenzen eher erkannt und korrigiert. Dadurch wird dem Lehrer wie auch dem Schüler Sicherheit und Schutz geboten.

5.1.4 Qualifikationen für »Ersthelfer«

In Abschnitt 4 haben wir eine Unterscheidung getroffen zwischen der Ausbildung der Jungbekehrten – den ersten Schritten – und der eigentlichen Jüngerschaftsbeziehung. In Anlehnung an das in Abbildung 1 verdeutlichte Gedankengebäude ist leicht verständlich, dass ein »Ersthelfer« für einen Jungbekehrten geringere Anforderungen erfüllen muss, um wirksam und guten Gewissens diesen Dienst ausüben zu können. Die bereits beschriebenen Kriterien sollten zwar in einem Mindestmaß erfüllt sein, doch wollen wir hier die Anforderungen an die Ersthelfer noch etwas konkretisieren.

Unverzichtbar für den Ersthelfer ist die gefestigte, beständige Beziehung zum Herrn Jesus. Das Grundelement dazu ist die tägliche Gemeinschaft mit Gott in der *Stillen Zeit.*

Der Ersthelfer muss natürlich bereit sein, seine Zeit in andere zu investieren. Dazu muss er in der Fürsorge für sein »Kind« ausdauernd sein und Probleme angehen können, notfalls in Absprache mit reiferen Christen.

Außerdem ist wichtig, dass ein Ersthelfer nicht schnell enttäuscht wird und resigniert. Auch wenn er anfänglich mit Elan an die Sache geht, kann es bei einer Durststrecke oder gar Rückschritten im geistlichen Wachstum des Jungbekehrten sehr schwer werden, mit dem nötigen Optimismus geduldig auszuharren. Hier ist wiederum eine reifere Ansprechperson sehr hilfreich, die dem Ersthelfer moralisch unter die Arme greift und gelegentlich nachfragt, wie es ihm geht!

Für jemanden, der gerade im Begriff steht, diese Aufgabe eines Ersthelfers anzunehmen, aber unzureichend Erfahrung darin hat, sind folgende Fragen hilfreich:

Kann ich Gott und dieser Person langfristig treu bleiben? Was zunächst wie ein Kinderspiel aussieht, kann ein beschwerlicher und langer Weg werden. In Schwierigkeiten ist Ausdauer erforderlich.

Kann ich das Vertrauen aufrechterhalten? Es kann fatale Folgen für die Beziehung haben, wenn der Helfer mit anderen über die Probleme, Schwächen oder ganz persönlichen Dinge des anvertrauten Schülers redet.

Kann ich meine Arbeit mit der Arbeit anderer koordinieren? Mitunter bemühen sich noch weitere reife Gläubige um den Jungbekehrten, beispielsweise wenn nach der Bekehrung eine tiefer gehende Seelsorge erforderlich ist. Diese Arbeit muss unterstützt oder darf zumindest nicht behindert werden.

5.2 Die Auswahl der Jünger

Aus rein menschlicher Sicht betrachtet ist die Beurteilung eines Lehrers noch verhältnismäßig einfach im Vergleich zur Beurteilung eines potenziellen Schülers. Denn für den Lehrer gibt es einen verbindlichen, eindeutig vorgegebenen Maßstab: Christus selbst, dessen Wesen und Charakter am Lehrer als reifem Christen zum Ausdruck kommen sollte. Dessen geistliches Leben steckt nicht mehr in den Kinderschuhen, sondern befindet sich in einem fortgeschrittenen Stadium der Reife und kann anhand des biblischen Musters beurteilt werden.

Dagegen stellt sich bei der Auswahl der Jünger ein grundsätzliches Problem, insbesondere bei denen, die erst wenig geistlich wachsen konnten, weil sie neu bekehrt sind oder in ihrem Leben als Christ bisher kein gesundes Umfeld hatten. Zwar sind dann von der Wiedergeburt an wie in einem Samen oder einem Embryo alle »Informationen« des neuen, Christus entsprechenden Wesens vorhanden, sie sind aber kaum entwickelt. Wie findet man nun unter einem Dutzend aufsprießender Samen die richtige Pflanze?

5.2.1 Unser Vorbild: Der Herr wählt Seine Jünger

Auch wenn diese Frage zunächst rein menschlich gestellt ist, gibt uns der Herr selbst das Vorbild und damit die Antwort. Schauen wir uns dazu Lukas 6,12-17 an. Hier sehen wir, welche Mühe und Sorgfalt der Herr investiert, um seine Jünger auszuwählen. Obwohl Er allwissend war und absolute Weisheit besaß, war es für Ihn keine Angelegenheit, die Er so nebenbei erledigt hätte. Im Gegenteil: Er zog sich auf einen Berg zurück und verharrte dort die ganze Nacht im Gebet zum Vater.

Wir hingegen neigen dazu, bei der Auswahl unserer Schüler schnell unsere Vorlieben und eigenen Vorstellungen zum Kriterium zu erheben. Möglicherweise tun wir das sogar in aller Weisheit und mit geistlichen Augen. Aber unsere Vernunftschlüsse dürfen nicht unsere grundlegende Stütze sein. Die Grundlage für eine solche Entscheidung ist das intensive Gebet zu Gott.

Das Resultat solch intensiven Gebets ist dann einerseits unser Friede im Herzen, weil wir gewiss sind, in Abhängigkeit von Gott und in Übereinstimmung mit Seinem Willen zu handeln. Aber darüber hinaus wird

Gott uns auch ganz konkret die richtigen Personen auf unser Herz legen, wenn wir Seine Wegweisung nur wirklich erwarten. Und mehr noch: Gott wird uns sogar Menschen über den Weg schicken.

Wenn wir genauer unter die Lupe nehmen, welche Leute der Meister zu seinen Jüngern erwählt hat, denken wir zuerst vielleicht, dass sie – wiederum menschlich gesprochen – nicht gerade herausragende Persönlichkeiten waren. In der Tat waren es eher ganz gewöhnliche Menschen, mit wenig Bildung und in einfachen Berufen. Außerdem erfahren wir in den Evangelien von ihren Temperamentsproblemen, ihrem Ärger, Stolz und Neid. Eine gute Wahl? Würden wir uns allein auf diesen ersten Eindruck stützen, könnten wir meinen, dass es sicherlich besser geeignete Leute gegeben hätte, mit wesentlich besserer Bildung, größerem gesellschaftlichen Einfluss und gezügelteren Manieren.

Aber das ist keinesfalls der entscheidende Punkt. Weder Ausbildung noch Sozialstatus noch natürliche Wesensart sind entscheidend. Nicht den alten Menschen müssen wir in Betracht ziehen, sondern das, was Gott im neuen Menschen zur Entwicklung bringen *kann*, wenn der alte Mensch ans Kreuz gegeben ist. Dafür – und dies ist ein wesentlicher Punkt – müssen die Schüler einen fest entschlossenen *Willen* haben. Gott gebraucht und wirkt durch Menschen, die ein willentliches »Ja« zu Seinen Wegen und zu Veränderungen haben, ungeachtet der Kosten.

Der Herr Jesus versprach Seinen Jüngern keine irdischen Vorteile, nicht einmal ein gesichertes Leben. Matthäus 4,19-22 und Lukas 5,11 verdeutlichen, was die Jünger für ihre Nachfolge aufgegeben haben: Sowohl ihre berufliche Existenz als auch familiäre Bindungen ließen sie fahren, zu Gunsten der Entscheidung für die Nachfolge des Herrn. Wenn jemand aus ehrlichen Motiven und aus Liebe zum Herrn einen solchen Preis bezahlt, gibt es kaum einen Grund, ihn für eine Jüngerschaftsbeziehung abzulehnen. Denn die Nachfolge des Herrn ist ja das Ziel unserer Jüngerschaftsbeziehung und mit ihr hat der Jünger bereits die grundlegende Anforderung erfüllt: alles verlassen und das Kreuz auf sich zu nehmen - ein sicherlich unpopulärer, widerstandsreicher und bisweilen einsamer Weg.

Der Herr berief Seine Jünger auf einem Berg, was die Nähe zu und die Abhängigkeit von Gott verdeutlicht. Er stieg jedoch mit seinen Jüngern vom Berg herab (Lk 6,17). Das steht im Kontrast zur »Bergpredigt« (der Belehrung *auf* dem Berg) und ihrem zentralen Gedanken: die Lehre vom idealen Bürger des Reiches Gottes. Als Jünger Jesu muss es zwar unser Ziel sein, durch die Gnade Gottes dem Maßstab der Bergpredigt entsprechend zu leben, doch ist es bezeichnend, dass der Herr nach der Berufung der Jünger von einem Berg *herabkommt*, um ihnen das Leben, das Er in ihnen zur Reife bringen möchte, in einzelnen, aufeinander aufbauenden Schritten praktisch *nahe zu bringen*. Nur so werden sie schließlich werden können, wie Er ist.

5.2.2 Wonach Ausschau halten?

Die bisherigen Gedanken zum Vorbild Jesu dienten besonders der Verdeutlichung, wie die Auswahl der Jünger grundsätzlich erfolgen sollte. Dem wollen wir nun einige hilfreiche Leitgedanken anfügen. Wie es meistens der Fall ist, wenn wir eine persönliche Entscheidung in der Abhängigkeit Gottes treffen müssen, kann eine Vorgabe von außen bestenfalls Prinzipien skizzieren, keineswegs aber die Lösung pauschal und detailliert präsentieren.

Allerdings können im Entscheidungsprozess einige Stützen als Hilfen herangezogen werden. Wir haben bereits die hohe Bedeutung des *Willens* eines potenziellen Schülers herausgestellt. Eine längere Beobachtung kann uns davon überzeugen, ob jemand Christus wirklich hingegeben ist oder zumindest ein Herz für Gott und eine dienende Gesinnung hat. Die Tatsache, dass die geistliche Entwicklung ja gerade erst im Anfangsstadium steht und – noch kaum sichtbar – schwierig zu beurteilen ist, wurde einmal so beschrieben: »Es ist wie der Blick aufs Meer, an dessen Oberfläche wir nur Rückenflossen sehen. Da gibt es Haie und Delfine und wir können sie nur an ihrer Flosse identifizieren. Die Kunst ist, die jeweilige Art an diesem kleinen Merkmal zu erkennen.«

In dieser Illustration geht es natürlich nicht darum, Haie als »böse« Tiere zu identifizieren, sondern lediglich um ein Unterscheidungsvermögen und das Erkennen des Gesuchten anhand kleiner Kennzeichen. In diesem Sinne sollten wir in unseren Gemeinden einen Blick dafür bekommen, wer da Kreise zieht und – sei es auch nur mit einer »Flosse« – sich als verheißungsvoll zu erkennen gibt. Das Wenige, *was* sichtbar ist, können wir uns dann genauer anschauen.

Dabei müssen wir den Gläubigen aus der *Perspektive des Glaubens* betrachten. Wir haben schnell ein Auge für starke Persönlichkeiten und geborene Führer. Doch wir können nicht genug betonen: Gott wählt nicht auf der

Basis von dem, was jemand ist, sondern von dem, was er durch Seine Gnade *werden kann*!

Übrigens müssen es nicht immer nur Taten sein, an denen wir eine verheißungsvolle »Flosse« ausmachen. Es ist äußerst sinnvoll, besonders nach den *Hungrigen* Ausschau zu halten, die Hunger nach der echten Gemeinschaft mit Gott, dem Leben nach Seinem Willen und Seinem Wort haben. Dawson Trotman bemerkte hierzu: »Wir müssen Menschen finden, die Gottes Bestes für ihr Leben wollen und die bereit sind, dafür jeden Preis zu bezahlen.«

Darüber hinaus lernen wir aus 2. Timotheus 2,2, unser Augenmerk auf die zu richten, die *treu* sind und zudem *tüchtig* sein werden, andere zu lehren. Gerade die Frage der Treue ist sehr wichtig und kann ruhig einmal getestet werden. Dazu können wir dem Jüngerschafts-Aspiranten kleinere Aufgaben zuteilen und dann beobachten, ob er sie ohne größere Nachhilfe und Erinnerung erledigt. Daran können wir in einem gewissen Maß beurteilen, ob er als Jünger bewährt ist.

In dieser Hinsicht können wir natürlich insbesondere die Gläubigen relativ einfach beurteilen, denen wir die »ersten Schritte« im Glaubensleben vermittelt haben. Im Lauf dieser Beziehung konnten wir ja bereits einiges über das geistliche Leben des Jungbekehrten und seine Entschiedenheit zur Nachfolge erfahren. Die Erwägung, ob wir mit ihm eine weiterführende Jüngerschaftsbeziehung eingehen sollten, fällt uns auf Grundlage unserer Erfahrungen mit ihm dann sicherlich leichter.

Bei der Frage, mit wem man eine Jüngerschaft beginnt, müssen wir unbedingt darauf achten, dass nicht eine eigene Vorliebe für eine bestimmte Wesensart unseren Entscheidungsprozess beeinträchtigt. Kurz: Es müssen nicht immer Leute sein wie wir! Gott hat ganz verschiedene Persönlichkeiten geschaffen, dazu mit ganz verschiedenen Gaben. Aus dieser Vielfalt heraus lebt der Leib Christi. Das sollten wir uns bei der Auswahl eines Jüngers bewusst machen. Nehmen wir an, wir hätten die Gabe eines Lehrers, gehen aber in Gesprächen mit Ungläubigen zu theoretisch vor, drücken uns abgehoben aus und stellen uns somit ungeschickt an. Mitteilungsbedürfnis tun wir als Schwätzerei ab. Aber Gott mag uns gerade einen sehr gesprächigen, einfühlsamen, sagen wir »begnadeten« Evangelisten vorstellen, der unserer Persönlichkeit offenbar keineswegs entspricht. Wie denken wir darüber? In der praktischen Evangelisation werden wir ihm wohl kaum etwas vermitteln können, aber dafür andere, für seinen späteren Dienst wichtige Dinge *aus unserem Leben* heraus mitteilen.

Es ist also wichtig, dass wir im Gebet auch für solche Türen offen sind, die Gott auftut, die wir aber aufgrund unserer eigenen Vorstellungen leicht übersehen.

Keine langfristigen Zusagen

Ein bedeutendes Prinzip bei der Aufnahme einer Jüngerschaftsbeziehung ist, keine langzeitigen Zusagen zu treffen. Die Entscheidung sollte vielmehr von Zeit zu Zeit rekapituliert werden. Damit ist keineswegs eine Verantwortungslosigkeit oder Stimmungsabhängigkeit gemeint. Wir dürfen nicht aufgrund von bloßen Rückschlägen gleich aufgeben. Dann wäre eine echte Jüngerschaftsbeziehung gar nicht denkbar! Vielmehr geht es darum, zunächst im Anstreben von *Teilzielen* vorzugehen, die sich dann Schritt für Schritt immer weiter zu einer andauernden Jüngerschaft entwickeln können. Im Idealfall, der das Ziel der Jüngerschaft ist, geht das bis zu dem Punkt, wo der Lehrer dem Schüler nichts mehr voraus hat, er ihn also nicht weiter belehren kann.

In diesem Zusammenhang ist es wichtig, dass die Arbeit auch bei einer Revision der Entscheidung oder der Ziele zu Ende geführt werden muss, ggf. unter Anpassung dieser Ziele. Bei einem solchen Prozess des Umdenkens und insbesondere in Enttäuschungen jeder Art müssen wir lernen, *Vollender* zu sein. Ansonsten können wir die geistliche Entwicklung des Schülers nachhaltig schädigen, beispielsweise in seinem Vertrauen.

Was nahe liegt – das beste Arbeitsfeld

Bei all diesen Prioritäten im Blick auf die Jüngerschaftsbeziehungen und auf die Gemeinde kann es leicht dazu kommen, dass wir unsere Familie vernachlässigen. Dieses Zu-kurz-Kommen der Familie besteht meistens nicht nur in einer zeitlichen Vernachlässigung der familiären »Pflichten«, des Familienlebens und der Gemeinschaft, sondern auch in einer fehlenden Sicht dafür, dass die *Familie* in erster Linie unser *Arbeitsfeld* ist. Sie ist geradezu ein prädestinierter Rahmen, um die Prinzipien der Jüngerschaft in Reinkultur umzusetzen! Und wie könnte jemand eine väterliche Beziehung zu einem Jünger aufbauen, wenn er die Vaterbeziehung zu seinen eigenen Kindern vernachlässigt?

Dieser Gedanke leuchtet sofort ein und kommt uns

vielleicht sogar trivial vor. Trotzdem müssen wir uns seine Tragweite und Bedeutung *bewusst* machen. Welche Möglichkeiten haben Eltern, ihre Kinder nicht allein großzuziehen, ihnen Werte zu vermitteln und sich miteinander zu freuen, sondern den Kindern ihr geistliches Leben in aller Tiefe *mitzuteilen* und sie in gleicher Weise – oder besser noch weit mehr – zu belehren und zu trainieren, wie sie es mit Schülern aus der Gemeinde tun würden. Wenn dieser Gedanke nichts Neues ist – umso besser. Wir möchten aber ausdrücklich nahe legen, die Möglichkeit der Jüngerschaft innerhalb der Familie gründlich und konsequent durchzudenken, denn eine effektive Umsetzung dieses Prinzips in den Familien ist heute leider Mangelware. In den christlichen Familien von heute ist leider zumeist die gegenteilige Wirkung zu beobachten: Da den Kindern nur allzu häufig ein halbherziges Christsein vermittelt wird, lehnen sie das Leben als Christ entweder als Heuchelei ab oder ahmen diese Halbherzigkeit nach und werden zu bloßen, unfruchtbaren Sonntagschristen ohne geistliches Leben.

Vergleicht man Biografien von vorbildlichen Männern und Frauen des Glaubens, so ist es sehr interessant, dass ein Element immer wieder auftaucht: die geistliche Schulung und das Vorbild im Elternhaus, gerade in jungen Jahren.

Diese Leitgedanken zur Wahl eines Jüngers können nicht mehr sein als eine grobe Orientierungshilfe auf dem Weg zur Entscheidung. Deshalb wollen wir abschließend noch einmal betonen, dass die absolute Grundlage das Gebet sein muss, und damit dürfen wir wirklich nicht geizen. Jüngerschaft ist sehr zeitintensiv. Daher wähle sorgfältig, in wen du dein Leben investierst!

Und wenn kein Lehrer da ist?

Dies ist ein Buch für reifere Gläubige, das sie dazu anspornen und anleiten soll, Jüngerschaftsbeziehungen zu jungen Gläubigen einzugehen, die der Herr ihnen aufs Herz legt. Es kann auch junge Gläubige dazu motivieren, dem heutigen Trend zur Unverbindlichkeit zum Trotz sich bewusst auf eine solche Beziehung einzulassen. Was aber auf keinen Fall als Ergebnis für einen Gläubigen herauskommen darf, ist eine Entschuldigung, mit der man sein Defizit in der eigenen geistlichen Entwicklung rechtfertigt. Kein Gläubiger hat das Recht, sich schmollend und verbittert zurückzuziehen und dabei zu klagen, dass sich niemand um ihn gekümmert habe. Von den Fehlern und Versäumnissen anderer können wir profitieren, indem wir uns selbst davor hüten. Wenn du in deiner Umgebung niemanden siehst oder kennst, der sich deiner annimmt, obwohl du weißt, dass du eine förderliche Beziehung sehr wohl gebrauchen könntest, seien dir zwei Dinge geraten: Bete, dass der Herr dir jemanden gibt – auch wenn es menschlich gesehen unwahrscheinlich ist, ist das für den Herrn keineswegs ein Problem. Halte außerdem selber wachsam Ausschau nach Möglichkeiten, in Kontakt mit einem geistlichen Trainer zu kommen. Wenn du um jeden Preis ein reifer Jünger des Herrn werden willst, wird das kein Hindernis für dich sein.

Schlussbemerkungen

»Ich bin der Weinstock, ihr seid die Reben. Wer in mir bleibt und ich in ihm, der bringt viel Frucht, denn getrennt von mir könnt ihr nichts tun« (Joh 15,5).

Als ich begann, dieses Buch zu schreiben, war ich mir sicher, dass ich es mit einem Aufruf zur Tat beenden würde. Wenn der Leser es nach der Lektüre einfach beiseite legt, hätte es sein Ziel verfehlt. Denn das Thema dieses Buches, das biblische Prinzip der Jüngerschaft, »funktioniert« wirklich. Das Prinzip funktioniert sogar als Selbstläufer, losgelöst von allen geistlichen Inhalten und hat sich auch in allen säkularen oder religiösen Bereichen bewährt. Auch dort ist es ja nur als weise zu bezeichnen, wenn man Gottes Prinzipien anwendet.

Aber wir müssen vorsichtig sein. Wir wollen keine Selbstläufer hervorbringen, die sich außerhalb der Gnade Gottes entwickeln. Stattdessen wollen wir als wahre Frucht eine *echte* Nachfolge zum Herrn fördern. Wir wollen im Angesicht der Wahrheit über uns arbeiten, und das kann nur innerhalb der Gnade Gottes erfolgen. Diese Prägung werden dann unsere Jünger von uns mitnehmen.

Deshalb ist es mir jetzt, am Ende dieses Buches, viel wichtiger, dass diese Prinzipien der Jüngerschaft zunächst *verstanden* werden, und das sowohl von potenziellen Schülern als auch Lehrern. Wenn der Leser diese Gedanken fragend und mit persönlicher Offenheit vor Gott bringt, ist das Ziel dieses Buches erreicht. Außerdem war mir wichtig, vor dem Umsetzen in die Praxis auch die Kosten aufzuzeigen, denn wir müssen das, was wir im Auftrag Gottes anfangen, vollenden – oder zumindest für seine Vollendung sorgen.

Es wird zumeist kein leichter Weg sein und Widerstand kann traurigerweise sogar aus den eigenen Reihen kommen. Roger Rayhbuck, ein Missionar aus dem ehemaligen Zaire, erzählte mir, dass es nicht möglich gewesen sei, in seinem Dorf konsequente Jüngerschaftsbeziehungen aufzubauen. Die Eifersucht anderer »Kandidaten« sei einfach zu groß gewesen. Auch ich hätte in der ersten Jüngerschaftsschulung um ein Haar völlig entmutigende Erfahrungen gemacht. Aber gerade in jener Zeit habe ich in der Gemeinschaft Gottes mehr gelernt als je zuvor.

Von persönlichem Versagen über ernsthafte Verkehrsunfälle der Schüler bis hin zu den besonders schmerzlichen Auswirkungen von Neid und Eifersucht eines Bruders gab es annähernd jeden denkbaren Widerstand. Wenn man auch die eigenen Fehler durchaus nachvollziehen kann, so bleiben doch zu dem Rest offene Fragen bestehen. Die Antwort gaben mir erst später Brüder, mit denen ich damals zusammenarbeiten durfte. Denn sie lenkten meinen Blick auf das, was heute ist. Und vor diesem Hintergrund wird deutlich, wie der Feind jeden noch so kleinen Ansatzpunkt genutzt hat, um gerade diese Arbeit zu zerstören. Und er konnte es eben doch nicht! Gottes Handeln ist immer größer.

So wurden mir erst später die Augen für die von Gott hervorgebrachte Frucht und das noch größere Potenzial für die Zukunft geöffnet. Denn aus Hoffnung wurde schließlich Gewissheit. Es ist sicherlich erfreulich zu sehen, welch geistlichen Fortschritt die Jünger - wie eigene Kinder - nach Monaten gemacht haben, aber wesentlich ist erst, wo sie nach mehreren Jahren stehen. Für Johannes war es die allergrößte Freude zu hören, dass seine »Kinder in der Wahrheit wandeln« (3Joh 1,4).

Das ist dann Gottes Werk, zu dem er uns *gebraucht* hat als Mitarbeiter Gottes. Denn indem wir redlich Seinem großen Auftrag nachkommen, *werden* wir diese Frucht sehen. Nicht mit Stolz, aber mit Staunen und großer Freude!

Anhang

Fragebogen zum Einstieg in die persönliche Zeit mit dem Schüler

Umgang mit Sünde

1. **Verheißung.** Die Eroberung des verheißenen Landes – Sieg über die Feinde und deren Ausrottung – wird allgemein mit dem Sieg über die drei geistlichen Feinde (Fleisch, Welt und Teufel) im Leben eines Christen verglichen. Suche drei Verse in der Schrift, in denen Gott Israel vollständigen Sieg über die Kanaaniter verheißt, sowie drei Verse, in denen Gott gleicherweise dem Gläubigen den Sieg über den geistlichen Feind verheißt. Wer hat den Sieg errungen? Welche Bedeutung hat Gehorsam für den Erfolg?

2. **Ungehorsam.** Liste auf, welche Beispiele du in Richter 1,1-36 für die unvollständige Arbeit findest, die Israel bei der Austreibung der Kanaaniter leistete. Platziere diese in drei Spalten: 1) Wer versagte, Gott vollständig zu gehorchen? 2) Worin versagten sie? 3) Was war das Resultat?

3. **Ziele.** Identifiziere in deinem Leben die zwei oder drei für dich bedeutsamsten Bereiche, in denen du keinen Sieg über Sünde erlebt hast (Tat-, Gedanken-, Gesinnungs- und Motivationssünden). Ersetze deine bishe-

rigen sündhaften Verhaltensweisen mit Handlungen und Einstellungen, die deiner Position in Christus entsprechen.

4. **Weg.** Lies 1. Chronik 11,4-9. Ungefähr 500 Jahre, nachdem Josua das Volk Israel ins Land führte, besiegte David die Jebusiter. Bist du bereit, die oben genannten Bereiche der fehlenden Unterordnung unter Christus anzugehen? Wenn ja, wie willst du gegen die in Punkt 3 aufgeführten Sünden angehen? Worin siehst du die Grundlage für deinen Erfolg? Lerne Römer 6,1-14 auswendig und schreibe konkret auf, wie du diesen Text konsequent anwenden wirst.

Bewertungsbogen für die einzelnen Lebensbereiche

In welchen der folgenden Gebiete in deinem Leben ist Verbesserung nötig (in qualitativer oder zeitlicher Hinsicht)? In welcher Weise?

Kennzeichne Bereiche, in denen Wachstum nötig ist. Nummeriere sie in der Reihenfolge ihrer Wichtigkeit oder Dringlichkeit. Besprich die nötigen Veränderungen mit deinem Lehrer.

Persönliche Beziehung zu Gott

1. Das Wort Gottes
- Regelmäßigkeit und Zeit
- Verständnis, Auslegung, Anwendung
- Bewusstsein, dass Gott spricht

2. Gebet
- Konsistenz
- Anbetung
- Fürbitte (geschriebene Liste?)
- Danksagung
- Bekenntnisse und Buße
- Bitten in Gottes Willen

3. Wandel mit Gott
- Gottes Führung erkennen
- Gehorsam

Familiäre oder soziale Beziehungen

1. Mit Ehepartner, Kindern oder Eltern
- Nähe und selbstlose Liebe
- Effektive Kommunikation
- Gemeinsame Zeit
- Wachstum, Kontinuität
- Familienandachten

2. Mit Bekannten (sofern förderlich)
- Christliche Freunde
- Ungläubige
- Kontakte mit anderem Geschlecht (gesund, hilfreich?)

Schule, Arbeit

Leistungsverbesserung notwendig?
Einfluss auf das geistliche Leben oder den Dienst?
In Gottes Willen hinsichtlich aller Aspekte?

Befähigung zum geistlichen Dienst

Zeugnisgeben, Evangelisieren
Fähigkeit, sich mitzuteilen
Dienen, Helfen
Lehren (sofern ausgeübt)
Bibelstudium, Lesen

Charakterliche Eigenschaften

Benenne verbesserungsbedürftige Gebiete

Zum Beispiel:
– Selbstdisziplin
– Sprache (Tratsch, Nörgelei, Streit, gütig, milde, hilf-
  reich?)
– Selbstzentriertheit
– Ängstlichkeit, Zaghaftigkeit
– Ungeduld
– Frucht des Geistes? (Gal 5,22.23)

Sonstiges

Körperliche Verfassung
Finanzielle Situation, Schulden, Etat
Eignung zur Leiterschaft

Literatur

[1] A. B. Bruce
The Training of the Twelve
Zondervan Publishing House, Grand Rapids,
Michigan, 1963

[2] R. E. Coleman
Des Meisters Plan der Evangelisation
Hänssler Verlag, Neuhausen-Stuttgart, 1978

[3] L. Eims
The Lost Art of Disciple Making
Zondervan Publishing House, Grand Rapids,
Michigan, 1978

[4] O. J. Gibson, F. Colvin
Training im Christentum 0 – 4
Christliche Literatur-Verbreitung, CLV, Bielefeld,
1991

[5] O. J. Gibson
Folge mir nach – Erste Schritte
Christliche Literatur-Verbreitung, CLV, Bielefeld,
1991

[6] D. Grisson, W. Giefing
Evangelisation und Jüngerschaft – Arbeitsbuch
BAO International, Gablitz, 1985

[7] G. S. Kuhne
The Dynamics of Personal Follow-up
Zondervan Publishing House, Grand Rapids,
Michigan, 1976

[8] W. MacDonald
Wahre Jüngerschaft
Hänssler Verlag, Neuhausen-Stuttgart

[9] C. H. Mackintosh
Genesis to Deuteronomy – Notes on the
Pentateuch
Loizeaux Brothers, Neptun, New Jersey, 1972

[10] W. B. Moore
Multiplying Disciples – The New Testament
Method for Church Growth
Missions Unlimited Publishers, Tampa, Florida,
USA, 1981

[11] W. B. Moore
Building Disciples in the Local Church –
Notebook
Missions Unlimited Publishers, Tampa, Florida,
USA, 1991

[12] E. Schuyler English
H. A. Ironside - Ein Leben lang unterwegs für
Christus
Christliche Literatur-Verbreitung, CLV, Bielefeld,
1995